保险人

IP打造

全攻略

刘大勇 章垚鹏 李雪梅 戈沁雨

·著·

电子工业出版社

Publishing House of Electronics Industry

北京·BEIJING

内 容 简 介

本书从短视频、直播、微信朋友圈、微信公众号、变现等角度出发，全方位、系统地介绍了如何打造保险IP，具有极强的实用性。通过阅读本书，保险人可以快速掌握打造个人IP的方法和技巧，丰富自己的展业模式，提升影响力，进而更好地实现成交保单和增员的目标。

图书在版编目（CIP）数据

保险人IP打造全攻略 / 刘大勇等著. -- 北京：电子工业出版社, 2024. 11. -- ISBN 978-7-121-48956-3

Ⅰ. F840.4

中国国家版本馆CIP数据核字第2024CC3293号

责任编辑：王陶然
印　　刷：鸿博昊天科技有限公司
装　　订：鸿博昊天科技有限公司
出版发行：电子工业出版社
　　　　　北京市海淀区万寿路173信箱　　邮编：100036
开　　本：880×1230　1/32　印张：8　　字数：160千字
版　　次：2024年11月第1版
印　　次：2024年11月第1次印刷
定　　价：69.80元

凡所购买电子工业出版社图书有缺损问题，请向购买书店调换。若书店售缺，请与本社发行部联系，联系及邮购电话：（010）88254888，88258888。

质量投诉请发邮件至zlts@phei.com.cn，盗版侵权举报请发邮件至dbqq@phei.com.cn。

本书咨询联系方式：（010）68161512，meidipub@phei.com.cn。

作者介绍

刘大勇

物理学博士，大数据保险博士后。曾任多家保险公司、保险科技公司高管和咨询公司战略专家。

章垚鹏

凡声科技创始人兼CEO，毕业于浙江大学，曾为泛城科技早期核心成员，知彼科技联合创始人。2017年创立凡声科技，凡声科技旗下拥有多保鱼平台。曾荣获2021年互联网保险行业年度十大风云人物奖，2020年新科技·影响时代的逆行者Top50等。

李雪梅

视频号认证科普博主，毕业于中国计量大学。现任中韩人寿保险有限公司IP赋能项目负责人，个人账号曝光量近1亿人次，互动量逾50万人次。

戈沁雨

市场营销管理学硕士，毕业于墨尔本大学。参与中韩人寿保险有限公司IP赋能项目，举办多场保险IP打造相关培训，赋能逾1万名代理人打造保险IP。

序言一

自威尔伯·施拉姆（Wilbur Schramm）在 1949 年出版了著作《大众传播学》之后，传播学作为一门完整的学科，其框架在不断地发展和完善。此外，传播技术在快速迭代，人们对传播学的研究也越来越专业。如今是全民依赖网络的时代，网络传播已然成为大众获取信息、消遣时光以及日常沟通的主要方式。

2017 年被公认为短视频"元年"，随后整个短视频行业迎来井喷式发展。很多保险从业人员敏锐地觉察到这一趋势，并积极参与其中。目前，短视频的经营已经进入充分竞争的阶段，对参与者而言，尤其需要在精细化方面下苦功。

适逢其时，《保险人 IP 打造全攻略》一书的出版将为大家提供非常有益的参考。本书从保险代理人的形象建立、IP 打造、表达技巧等方面入手，对相关内容做了全方位的介绍和分享。作为一名曾经的电视新闻工作者，我深感本书作者的敬业和良苦用心。书中翔实的内容和极大的实用价值，对保险从业人员或有志于做短视频的人士均有帮助。

有效的传播来自正反馈效应。正如瑞典乐队 ABBA（阿巴乐队）一首脍炙人口的歌曲名 *The Winner Takes It All*（《赢家通吃》）所言，在充分竞争的市场里，快速赢取目标受众的认可并建立黏性是"赢家通吃"的前提。因此，在短视频运营的过程中，每一个细节都需要精心打磨，并及时根据数据的反馈进行调整和修正。

韩非子在《五蠹》中写道："上古竞于道德，中世逐于智谋，当今争于气力。"在短视频的"启蒙阶段"，参与者可谓百花齐放，其间，经过激烈竞争，各自找准了定位。如今，参与者需要通过科学训练、辛勤耕耘、认真钻研，形成自己的优势，并最终建立个人在相关行业内的声望，才能赢得更大的市场份额。

借此作序机会，我向本书的作者致以衷心的感谢，感谢你们为行业做出示范，也祝愿本书的读者能得到启发，学有所成，事业进步！

张希凡

序言二

目前，中国保险行业的代理人队伍面临着巨大的挑战，不仅就业人数在大幅下降，转型也面临重重困境。但这并不是中国保险行业独有的问题，而是全球保险行业面临的普遍问题。在很多方面，传统的赋能手段已经无法满足现代保险市场的需求，许多保险公司因此陷入困境，既无法有效吸引新的保险代理人，也难以留住现有队伍。

在这样的背景下，我们公司在个人IP打造领域做了许多尝试和创新，并取得了一定的成绩。我们明白，只有跳出传统的模式，才能找到新的突破口，也才能赋予保险代理人新的力量。

对保险代理人来说，个人IP打造不仅能提升他们的专业影响力，更能让他们在保险市场中树立独特的形象，获得更多的信任和关注。同时，个人IP打造也有助于改变保险销售的方式，让销售更加人性化，更具互动性，从而提高客户的满意度。

作为一个新的战略手段，个人IP打造需要我们深入理解其内涵，掌握其技巧，更需要我们有创新和尝试的勇气。我相信，本书能为大家提供必要的启示和指引。让我们一起在新的旅程中，探索中国保险行业的未来。

让我们期待，这个新尝试能为中国保险行业带来新的生机和活力，能让更多的保险代理人找到价值和定位，也能让更多的客户感受到保险代理人的用心和服务。

祝愿本书能在读者中产生深远的影响，祝愿中国保险行业能在新的挑战中找到新的机遇，也祝愿所有读者都能从本书中获得启示，找到自己的路。

章垚鹏

目录

CONTENTS

02

第二章
短视频：从脚本到运营

03

第三章

直播：与你的目标客群高效沟通

04

第四章

微信朋友圈与公众号：让个人 IP 更加立体

05

第五章

变现：不是"网红"，也能获得收益

第一章
个人IP：代理人的新风口

凡星学院 | 保险IP特训营

凡星学院 FANXING

第一节 ｜ 代理人打造个人IP，别再等了

一、用个人IP创新展业模式

（一）代理人的传统展业模式

保险代理人的传统展业模式一般分为三种。

（1）缘故。所谓缘故，就是依靠身边的亲友和已有客户进行转介绍。这种模式的成交概率较高，因为有"信用背书"。然而，大多数代理人可能会遇到资源枯竭的情况，所以这种模式需要较高的个人社交能力和关系拓展能力。

（2）陌生拜访与电话推销。陌生拜访与电话推销大体上类似。在人群密集的市场中，进行陌生拜访和电话推销效果会稍微好一些。此外，还有在人群密集的地方分发传单的方式。这些方式主要依靠"大数法则"，即与更多的人接触，遇见有需求的人的概率就会相应地增加。刚进入保险行业且没有资源的代理人，经常会采用这种模式。

（3）联合推广。联合推广是一种跨界合作的整合营销方式，主要通过异业合作进行"破圈链接"，从而实现优势互

补与资源共享，获得双赢。这种模式与第二种模式差别不大，也是保险新人经常采用的模式。

（二）传统展业模式的不足

以上三种传统展业模式，触达客户的效率较低，成本较高，并且难以持续挖掘资源。它们依赖保险代理人的个人销售能力和技巧，以达到销售业绩的最大化。具体来说，传统展业模式存在以下不足。

（1）时间和人力成本高。传统展业模式需要代理人进行大量的陌生拜访和电话推销，而这会耗费大量的时间和人力成本。

（2）客户需求无法被充分了解。传统展业模式往往是单向的宣传和推销模式，代理人难以充分了解客户的需求和意愿，从而导致提供的产品和服务与客户的需求不匹配。

（3）信息传递效果有限。传统展业模式的信息传递效果受时间和空间的限制，代理人无法快速、准确地传递重要的信息，从而影响销售效果。

（三）展业模式的创新

保险代理人需要创新展业模式，以更好地满足客户需求并提升销售效率，而不断涌现的新技术为代理人带来了更多可能性。诸如 5G、人工智能等技术的运用，将使代理人的展业模式更加丰富、互动性更强，从而为客户创造全新的体验。

一种创新方式是通过社交媒体和移动应用等方式打破时间和空间的限制，提高信息传递的效率。另外，采用数据分析等技术可以提高代理人的客户洞察力，进而更好地了解客户需求，为客户提供个性化的服务。这些创新方式符合营销学中的"定位理论"，即根据市场定位和客户需求，有针对性地制定营销策略，以提升销售效果。

综上所述，传统的展业模式面临诸多挑战，所以保险代理人必须适应时代的发展趋势，采用更加现代化、科技化的方式进行营销，这样才能更好地满足客户的需求。而如今，保险 IP 打造的热潮已经掀起，IP 产量持续增加，越来越多的保险公司意识到 IP 的重要性，并加大对这方面的投入，甚至设立专门的部门进行 IP 的创作和运营。因此，代理人不如顺应这种趋势，主动拥抱变化。

二、代理人打造个人 IP 的七大优势

与传统展业模式不同，通过打造个人 IP，代理人可以凭借独特的人设让更多的用户记住，也可以凭借垂直的内容输出得到平台的精准匹配，还可以凭借账号影响力获得更多的资源。具体来说，通过打造个人 IP，代理人可以获得以下优势。

1. 塑造专业形象，建立信任感

保险业与银行业、证券业并称为现代金融体系的"三驾马车"，是现代金融体系的重要支柱。因此，保险业的发展有利于优化金融体系结构，促进金融创新，增强金融体系的稳定性和安全性。然而，目前保险从业人员的社会地位和专业形象远比不上另外两个行业的从业人员。很多人对保险代理人的形象不仅是模糊的，甚至还留有不佳的刻板印象。结果造成传统的获客、转化方式不仅效率较低，而且很难展现代理人的个人能力和专业度，更难与客户建立信任。

通过保险 IP 打造，代理人可以将个人优势适度包装及放大，并利用新媒体工具赋能，以此传播个人影响力，打造个人品牌。更重要的是，代理人还可以持续地输出专业性内容，在和客户真正交流之前，塑造自己在客户心中的专业形象，建立信任感。

2. 利用个人 IP 高效获客

从某种角度来说，保险是一个销售行业。因此，代理人只有不断地寻找新的客户、经营老客户并销售保单，才能在这个行业中长久地生存。也就是说，储备客户资源对于代理人非常重要。但是，对所有代理人来说，如何发掘源源不断的客户都是一个不小的难题。

近两年，为了确保行业的健康发展，保护消费者的权益，许多地区对代理人的注册和管理进行了严格的规定。比如，有的地区可能会要求代理人只能与一家保险公司签订独家代理合同，或者对双重注册的代理人进行更加严格的监管。正因如此，代理人的数量骤降到两三百万人。从理论上来说，随着从业人数的减少，代理人发掘新客户应该变得更加容易。但事实上，客户很难被找到，代理人的竞争越来越激烈，获客成本也越来越高。

与此同时，根据《2022 年中国互联网保险消费者洞察报告》的分析，互联网保险的发展正在推动保险行业的销售渠道和服务模式的变革。报告指出，超过 80% 的消费者未来会考虑通过线上渠道购买保险，"80 后""90 后"以及"00后"这些互联网"原住民"更是如此。因此，代理人获客方式的迭代升级，可谓势在必行。

通过打造个人 IP，代理人可以扩大自身的影响力，实现触达延伸，最终提高自己的拓客及转化效率。

3. 利用数字化系统细分客户

通过长期发布垂直类优质短视频和定期进行有效的直播，代理人可以有针对性地解决客户的问题，触及客户痛点。而通过在后台分析不同种类视频的播放量、完播率、点赞率、评论率等数据，代理人则可以对客户进行更加精准的分类。这样，代理人才能更好地"对症下药"，提供最适合客户的保险计划，满足客户的需求，提高转化效率。

4. 提供更专业的保险咨询服务

如今，代理人的竞争非常激烈，市场的增量客户越来越难以获得，主要的业务来源是存量客户。因此，代理人只有不断提高自身的专业能力，才能为客户提供更好的保险咨询服务，也才能更好地生存及发展。

在个人 IP 打造的过程中，通过撰写文案、脚本及拍摄视频等练习，代理人可以做到"输出倒逼输入"，使自己的知识体系更健全、知识面更宽、表达能力更强。

5. 通过粉丝效应增员

俗话说："火车跑得快，全靠车头带。"具备更强的团队打造和增员能力的 IP，不仅可以激活私域，还可以通过短视频点赞及转发的方式，扩大自己的影响力，吸引更多的优秀年轻人员加入自己的队伍。

6. 整合资源，助力销售

每个代理人身边都有许多各行各业的朋友，从身边的人和事出发，制作针对特定人群的脚本内容，不仅可以与朋友产生更多的链接，还可以影响同类型的优秀人士，从而达到资源整合、破圈链接、互吸流量的效果。而在个人 IP 账号拥有一定的流量后，代理人则可以反哺身边的朋友，协助组织活动及宣传，互相赋能。

7. 利用新媒体平台算法降低成本

就传统展业模式而言，代理人增员、拓客、维系客户关系几乎全靠线下渠道。但人的生理和心理是有极限的，即使代理人每天不吃、不喝、不睡，能够接触和影响的范围也非常有限，尤其在新冠疫情期间，线下渠道大大受限。

在互联网时代，通过个人 IP 打造，代理人不仅可以突破时间和空间的限制，提高互动频率，还可以增强个人品牌的影响力，让内容传播"永不眠"，从而对传统展业模式实现"降维打击"。而且，通过运用各大新媒体平台的算法机制，代理人还可以更精准地、更有针对性地经营客户，大大降低增员、拓客、维护客户关系的成本。

第二节 ｜ 打造个人 IP 的方法论

一、个人 IP 的三维属性：人设、质量和数量

　　人人都有自己的 IP，无论我们是否刻意去打造。比如，幽默、围棋高手、爱读书、高颜值、勤奋、偷奸耍滑……如果我们在看到某个人时，第一时间想到了某个"标签"，那么这个"标签"就是他的个人 IP。

　　个人 IP 最初指的是互联网用户的唯一标识符，是互联网协议地址（Internet Protocol Address）的简称，是由数字组成的一串地址。IP 地址是计算机和网络设备在互联网上进行通信时必须使用的标识符，我们可以将其形象地理解为电话号码。

　　随着互联网的不断发展，人们开始将"个人 IP"这个概念应用于更加广泛的领域，包括个人的创意、品牌、影响力等。个人 IP 渐渐成为一种无形的影响力资产（Intellectual Property）。如今，个人 IP 已经普遍被用来指代个人的创造力、创新能力、特质和风格，体现了个人对知识和经验的理解、解释及运用的独特性，以及这些因素对个人在社交网

络、娱乐产业、商业领域等方面的影响力和价值。

个人 IP 分为显性因素和隐性因素。其中，隐性因素主要指人设、质量、数量，显性因素则指隐性因素在每个 IP 上的具体体现。比如，明星刘德华的 IP 人设体现是"劳模"，质量体现是电影、歌曲、奖项，数量体现是影响了几代人；体育健将王濛的 IP 人设体现是"速滑女王"，质量体现是获得冬奥会等赛事的奖项，数量体现是拥有许多冰上运动粉丝；保险网络红人"精算视觉"抖音平台的 IP 人设体现是"北美精算师"，质量体现是站在精算的专业视角看保险保障，数量体现是 34.4 万个粉丝（截至 2024 年 9 月，数据信息源自其抖音介绍）。

综上所述，我们可以总结出，IP 人设就是"我是谁"，IP 质量就是"我的一技之长是什么"，IP 数量就是"我影响了多少人"。而打造个人 IP，本质上是在做两个工作：第一，塑造自己的 IP，让别人在看到某个东西时自然地想到自己；第二，放大自己的 IP，让更多人产生这样的联想。

二、三个维度树立专业的保险 IP 形象

（一）专业的主页设计

1. 头像

如何给用户留下良好的第一印象极为重要。在保险 IP 账

号的主页中，给用户留下第一印象的是头像，所以头像是保险 IP 账号设计的重要部分。

不同的头像带给用户的印象是不同的。比如，高清的职业照容易给用户留下专业化的印象，而生活照则容易给用户留下生活化的印象。代理人应该根据目标用户群体来设计人设，然后确定头像。

2. 账号名称

在设计账号名称时，一般要遵循朗朗上口、容易记住的原则。具体来说，设计账号名称通常有以下三种方法：第一，本名或自己常用的昵称；第二，兴趣领域＋昵称；第三，专业岗位＋昵称。

需要注意的是，虽然账号名称在确定之后可以更改，但建议不要频繁更改，因为这样很容易导致存量用户对代理人建立的印象难以维持。

3. 认证

保险 IP 账号一般要进行财经博主认证或科普博主认证。认证意味着官方承认博主在某一领域的专业性。由于所有用户都可以看到认证标识，所以获得认证能大大提高账号的可信度，降低信任门槛。此外，从内容宣发和推广的角度来说，保险 IP 账号在取得认证后，平台会将更多的流量推给账号发布的专业内容，账号的影响力也会随之变大。

4. 账号简介

保险 IP 账号的简介要突出以下内容：行业资历及所获荣

誉、提供的专业服务和联系方式。

　　首先，要在账号简介中明确地展现自己的行业资历及所获荣誉。当用户点进账号页面时，这些专业成就能够帮助代理人更快地与用户建立信任基础。其次，账号简介中还要明确代理人能为用户提供什么服务，以及用户如何能够简单、快速地跟代理人取得联系。

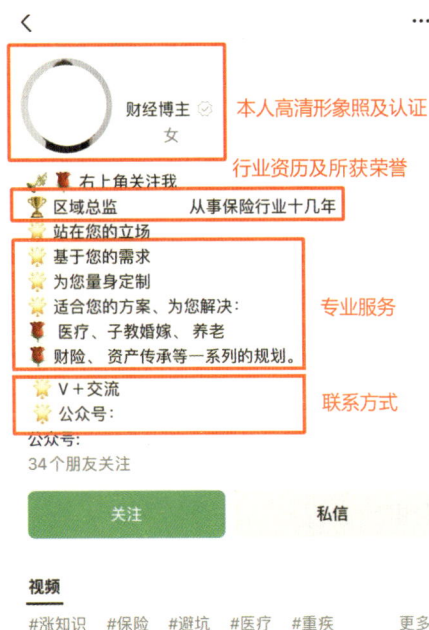

5. 公众号和企业微信

　　视频号有绑定公众号和企业微信的功能，可以为用户提供更加专业、全面的综合性服务。如下图所示，在视频号后台绑定公众号和企业微信后，视频号的主页会显示相应的链接，便于用户一步触达全方位的服务。用户可以在公众号上检索来获取多维度、专业的图文信息，或通过企业微信来获得一对一的定制化服务。

保鱼君鹏哥
财经博主 ✔
浙江 杭州 男

浙江大学本硕；保险科普头部 IP
用 AI 一站式打造个人 IP，脚本、视频、剪辑全解决，详情点击
公众号：保鱼君鹏哥
添加企业微信
373 条原创内容
34 个朋友关注

✓ 已关注　　　　客服

（二）专业的内容输出

专业的内容输出是树立专业保险 IP 形象的基石。为此，保险代理人要做到以下四点。

（1）真人出镜的视频。一般情况下，代理人很难隔着屏幕和用户建立信任，而真人出镜的视频，不仅能让用户更容易产生信任，还能让用户对代理人的人设有更清晰的认知。

（2）明确的领域标签。如下图所示，代理人可以在主页展现发布的视频中经常出现的标签，以达到分类检索、根据用户需求精准触达的效果。此外，代理人还可以在视频号后台编辑视频分类专辑，以方便更精准地分类和检索。

（3）统一的封面设计。统一的封面设计并不是指所有视频的预览封面都必须一模一样，而是要有符合人设的统一风格。统一的封面设计主要有以下四个优势。

第一，提升 IP 形象。当用户浏览账号主页时，统一的封面设计会帮助用户立即识别出 IP 的特色，从而加深其对 IP 的印象。此外，统一的封面设计还有助于建立 IP 认知度，使 IP 在众多竞争者中脱颖而出。

第二，增强用户体验。当用户看到整齐划一、风格统一的封面时，会更容易找到感兴趣的内容，提高浏览效率。此外，统一的封面设计还有助于减轻用户的视觉疲劳，使其更愿意停留在账号主页上。

第三，传递专业感。当用户看到精心设计的统一封面时，会更倾向于认为该账号是一个值得信赖的、有品质的内容提供者。这种专业感有助于吸引更多的潜在用户，提高账号的关注度和互动率。

第四，便于管理和维护。统一的封面设计不仅能简化账号主页的管理和维护工作，节省运营者的时间和精力，同时还能确保账号主页的整洁和美观。

如下图所示，"李梅梅爱科普"账号就做到了统一风格的封面设计。

（4）持续输出专业内容。保险 IP 账号的运营周期短则一个月，长则三个月甚至更长时间。因此，只有定期、持续地更新内容，才能不断地增加曝光量，触达更多用户，提升账号的粉丝数，也才能长期、有规律地影响用户，增加成功变现的机会。

账号最好每天更新 1 次，每周最少更新 2~3 次。在账号的粉丝数达到一定量级后，代理人更要不断地更新内容来维护用户和提升粉丝数。只有这样，代理人才能在该"赛道"内保持独特的竞争优势。

（三）专业的咨询互动

（1）及时点赞或回复评论。及时与在评论区留言的用户互动，能让用户感到亲切，给用户留下好印象，进而为后续沟通做好铺垫。

（2）及时回应关注。在用户关注账号后，代理人应及时私信去感谢他们的关注，咨询其需求，并提供相应的服务。

（3）及时回答私信咨询。当用户私信咨询相关问题时，代理人应及时回答，提供良好的服务，给用户良好的体验感。

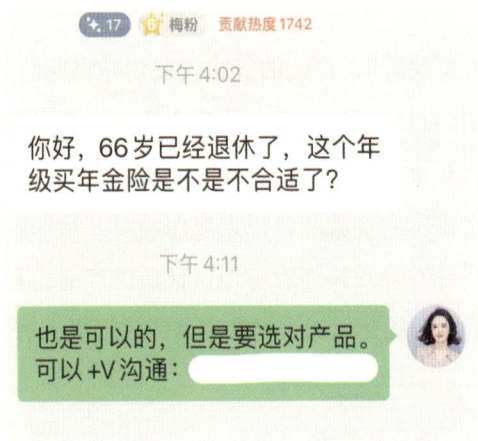

（4）及时引入私域。当代理人通过公域流量，如评论、关注或私信，获得陌生用户资源时，应该将其引入个人微信、企业微信等私域流量池，并与用户一对一进行深入交流，提供定制化服务，帮助其解决问题。

三、保险 IP 打造的"四力"模型

（一）产品力

产品力是保险 IP 打造的人设。代理人要把账号当作一个产品来运营。首先，代理人必须知道自身的优势是什么；其次，代理人必须保持高品质的输出，尽可能将自身的优势放到最大，从而吸引同频的用户，引发其共鸣，建立信任。

（二）内容力

内容力是保险 IP 打造的脚本。在清楚了保险 IP 的人设和想要吸引的目标用户之后，代理人下一步要发掘目标用户的需求，并据此撰写脚本。比如，如果目标用户是"宝妈"群体，那么脚本内容就应该以家庭保障及儿童保险为主，而不是增额终身寿险及投连险等理财性质的产品。有针对性地选择输出内容，能让代理人的数字营销效果事半功倍。

（三）运营力

运营力是保险 IP 获取流量的能力。很多代理人觉得打造 IP 是为了吸引陌生用户，实则不然。IP 运营的第一步是吸引身边的亲朋好友，也就是我们常说的私域用户。这个群体是代理人身边免费的、信任度最高的用户群体。因此，代理人首先要获得他们的关注，然后通过引导朋友圈点赞及视频转发等方式，吸引这些身边的用户。

（四）成交力

成交力，顾名思义，就是成交的能力，是保险 IP 打造的从引流、一对一沟通及社群沟通到最后成交变现的能力。代理人通过新媒体工具不断地吸引用户的注意力，持续在某个领域有规律地输出专业性的内容，最终目的就是能够成交变现。因此，如何将 IP 变现显得尤为重要。在本书的最后一章，我们将会详细地介绍保险 IP 变现的具体途径，此处不再赘述。

四、四步轻松打造保险 IP

（一）第一步：先行动再完善

很多人总是等到把所有东西都掌握之后，才敢着手去做。但代理人不能带着这种思维来打造保险 IP。目前，保险 IP 打造正处于"红利期"，代理人要尽早着手打造账号，积累用户，传播影响力，这样才能把握住最好的时机。也就是说，代理人要先迈出第一步，之后在实践中逐步进行完善。

（二）第二步：借助专业力量

俗话说："隔行如隔山。"每个领域都有必须掌握的专业知识。因此，如果代理人想要打造 IP，就必须掌握新媒体工具的使用规则、运营技巧，以及注意事项。代理人可以报名相关的专业课程，进行系统学习，同时进行实操练习，不断复盘迭代，总结经验。

（三）第三步：找到"共好"群体

保险 IP 打造是一个长期的过程，通常需要一段时间的运营才能有所回报。但并非所有代理人都拥有极高的自律性，有些人很可能会中途放弃。因此，如果代理人无法独自坚持长期更新，可以邀请身边的伙伴一起加入 IP 打造的行列，或者加入其他"共好"社群，一起打卡、共享资源、共同成长。

（四）第四步：坚信"剩者为王"

没有任何人可以轻轻松松地获得成功。所以，代理人在决定打造保险 IP 之后，一定要坚持下去。只要你自己不倒下，就没人能让你倒下；只要你自己不认输，就没人能打败你。

第二章

短视频：从脚本到运营

第一节 | 脚本创作没你想的那么难

一、内容：短视频影响力的核心

（一）内容才是核心

如今，短视频已经融入人们的日常生活中。抖音、快手和视频号等新媒体平台，每天的活跃用户量都达到了令人惊讶的数字。这些平台上的短视频的表现形式多种多样，包括口播、访谈和剧情等。无论哪种表现形式，都有一些短视频成为"爆款"。然而，这些短视频之所以如此受欢迎，不仅是因为它们的表现形式，更是因为它们的内容。

内容才是 核 心

所有工具不过是服务于你不同的表达方式

在互联网时代，内容是至关重要的，也是数字化影响力的核心。无论是选择短视频还是选择直播等传播方式，抑或是采用任何其他表现形式，它们都是为内容服务的手段。唯有内容才能真正吸引用户。

举个例子。在抖音上，当我们看到一个引人注目的标题时，很可能会点进去，看一下视频。但如果视频的内容没有吸引力，我们就会毫不犹豫地"划走"。同样地，假设我们关注了某个博主，自然会期待他下一期的作品。如果他的作品一直符合我们的期望，我们就会持续关注他；如果他的作品在一段时间内无法吸引我们，我们可能就会取消关注。在互联网用户的黏性和容忍度方面，容错率往往是很低的。

因此，在正式打造账号之前，代理人必须对账号的内容进行整体规划。如果没有清晰的规划，代理人可能经常会想不出选题，有热点的时候也可能会为"追不追？怎么追？"而纠结。对账号的内容进行整体规划，有助于代理人系统化地制作内容，每次更新都能有明确的主题，从而持续输出有价值的、符合人设的内容。

（二）内容规划的三个方面

关于短视频内容的规划，代理人可以从表现形式、内容构思以及发布频率三个方面入手。

短视频内容规划的三个方面

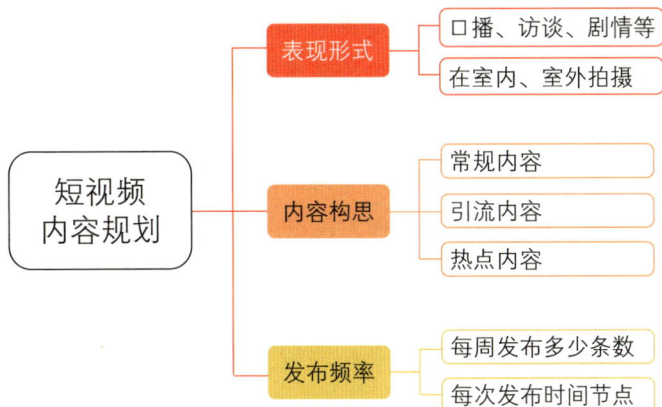

1.表现形式

短视频的表现形式有很多种，常见的有口播、访谈和剧情等。每种表现形式都有自身的优势，代理人可以根据自己的人设进行选择。

（1）口播。所谓口播，就是真人出镜解说。这种形式多见于知识类作品中，比如科普知识讲解、历史知识讲解等。它的优点是容易上手，适合大多数新人博主；不足是画面、展示内容单一，容易造成审美疲劳，完播率一般较低。

（2）访谈。这种形式多见于娱乐类、知识类和文艺类作品中。该形式互动性强，内容丰富，更容易引起用户的共鸣和思考。此外，双人出镜也不容易引起用户审美疲劳，且趣味性更强。该形式的不足之处在于对视频的构思和设备的要求较高。

（3）剧情。这是一种比较考验演技的表现形式，比如一人饰演两角、职场短剧等。该形式因为表现力强，容易给用户留下深刻的印象，所以涨粉速度比较快，粉丝黏性也比较强。毕竟，娱乐是大众的天性，人们更愿意看娱乐性强的作品来放松自己。但是，该形式存在不容易变现等问题。

在拍摄短视频时，代理人还可以考虑是在室内还是在室外拍摄。总之，代理人需要提前规划好作品在未来一段时间内的表现形式，以此加强用户的记忆。

2. 内容构思

第二个需要提前规划的是视频内容。也就是说，代理人应该明确用户想从自己这里获取什么信息，或者自己希望用户了解什么内容，比如是社保、健康，还是养老、子女教育等。代理人需要根据目标用户群体的画像，将想要打造的视频内容进行垂直细分，并有针对性地进行输出。

除了以上提到的常规内容，引流内容和热点内容也是打造保险 IP 账号不可或缺的。

引流内容是指用来引导用户关注的内容，比如出色的自我介绍，或者用户需要关注账号的三个理由等主题的视频。这些视频可以用来展示代理人的"新赛道"，或者吸引更多的关注者，是非常有效的。

热点内容，顾名思义，是指基于时事热点而制作的短视频内容。虽然时事热点可以吸引更多的流量，并创造出"爆款"视频，但代理人在选择时需要谨慎，避免做出违背道德的事情。代理人不能以牺牲道德为代价来获取关注。

总之，在打造保险 IP 账号的过程中，准备引流内容和热点内容是非常重要的。这些内容可以帮助代理人吸引更多的用户，并增加账号的"可见度"。但是，代理人必须坚守道德底线，并始终提供有价值的内容。

3.发布频率

在抖音、快手、视频号等平台上，许多成熟账号是日更的。虽然有些对自己要求比较高的初学者也会选择日更，但大多数人一般会选择每周更新 2~3 次。代理人在刚刚起步时，因为要学习写文案、拍摄和剪辑，建议每周至少更新一次。在熟练掌握制作流程后，再提高更新频率。

二、选题：打造"爆款"短视频的关键

一个短视频能否成为"爆款"，和它的选题密切相关。选题是创作者对短视频的主题选择和内容构思。通过选题策划，创作者可以确定短视频的主题和内容，针对用户的痛点，找到合适的素材。下面，我们来看看如何策划短视频的选题。

（一）选题策划的三个原则

在策划选题时，代理人需要遵循以下三个原则。

选题策划的三个原则

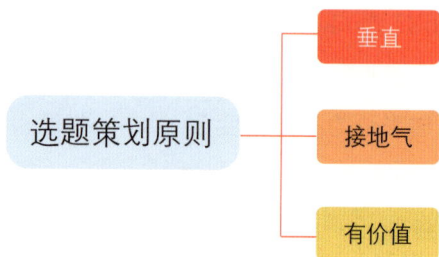

```
                              ┌──────┤ 垂直 │
  ┌──────────────┐            │
  │  选题策划原则  ├────────────┤ 接地气 │
  └──────────────┘            │
                              └──────┤ 有价值 │
```

1. 垂直

如何深耕垂直领域呢？核心就是一个词——聚焦，比如聚焦某类目标人群、某类主题场景、某类生活方式等。对代理人来说，主要是通过聚焦目标人群的痛点来吸引用户，再通过符合他们特质的内容和"调性"来增加黏性。

代理人最好选择一两个领域做长期的输出，千万不要东一榔头，西一棒槌。比如，刚开始时讲财经、社保、商保，没多久又开始拍日常生活的片段，之后又换成美食探店。

如果一个账号涉及的领域太杂，很容易造成"脱粉"。用户之所以会关注某个账号，通常是因为该账号在某个领域的专业性。如果不专注于某个领域，不断变换领域，账号的专业度就会降低，用户取消关注的可能性就会大大增加。因此，选题一定要垂直，即使代理人想要呈现多元化的内容，也要将其控制在一定的比例内。

2. 接地气

接地气并不是指选题要"土"，而是指选题要符合目标人群的需求和痛点，符合他们的关注点。这也是保证视频播放量的重要因素。高高在上地讲一些空话，是很难引起用户共鸣的。

3. 有价值

代理人要长期输出有价值的内容，分享干货。对代理人来说，专业性是非常重要的。代理人只有掌握保险等金融专业知识，精准地输出用户关心的内容，才能击中用户的痛点，提供用户真正需要的服务。因此，代理人必须拥有足够的专业知识储备，对保险领域拥有独到的认知，这样才能不被同质化，拥有自己独特的IP。

在正式开始做短视频前，代理人最好做一次调研来确定IP账号的定位和选题方向。比如，如果代理人身边多是"宝妈"，则可以选择子女保障这个领域；如果代理人只做视频号的短视频，因为视频号初期都是私域流量，所以可以多问问身边的人想要了解哪些保险内容；如果代理人兼做抖音、快手等平台的短视频，则可以多看看各大平台的"爆款"视频，拆解它们的选题。

（二）选题策划的三个标准

除了上述三个原则，选题策划还要满足以下三个标准。

选题策划的三个标准

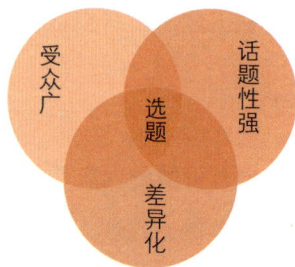

1. 受众广

好的选题一般能够直击大多数目标人群的痛点。这并不是说小众的选题不会"爆",而是说做给 1 万人看的视频与做给 10 万人看的视频相比,后者"爆"的可能性要大得多,转化变现的可能性也就大得多。

2. 话题性强

话题性强的选题更容易受到关注。经常被大量讨论、高频出现的话题,更能引起用户的共鸣,比如宝宝出生后是否有必要买保险。当然,代理人也可以选择近期网络上热议的话题。此外,代理人还可以让用户在评论区留下自己的观点,这样不仅能够增加互动性,还能够增加短视频的热度。

3. 差异化

除了受众广、话题性强,选题还要差异化,也就是要有特色。无论在哪个平台,每个"赛道"都充斥着很多同质化的内容。因此,代理人若想从中脱颖而出,就一定要有自己的特色。比如，代理人有更丰富的经验，选题的角度与众不同，或者代理人的观点很新奇，等等。

（三）选题策划的五个方法

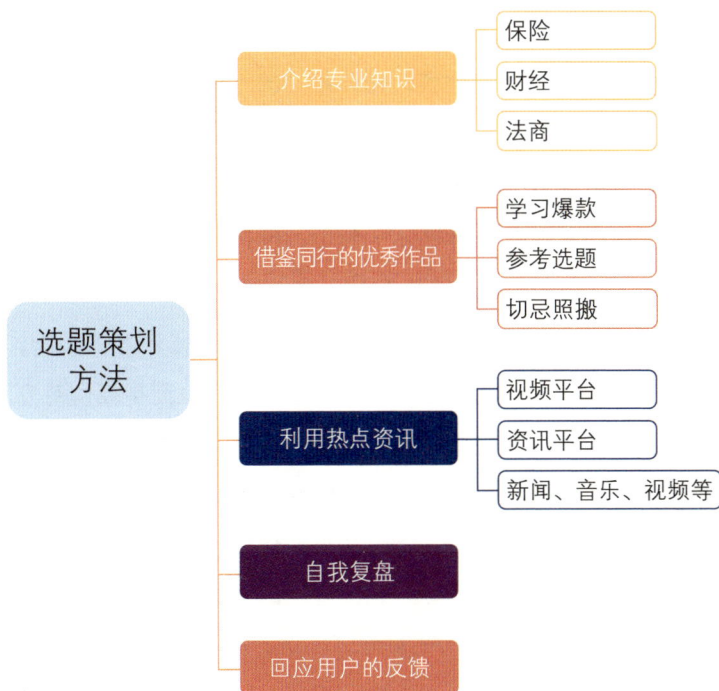

即使了解了选题策划的原则和标准，很多代理人也依然不知道如何策划选题，比如有些代理人会纠结最近的热点要不要追。在实际操作中，代理人可以通过以下五个方法来策划选题。

选题策划的五个方法

```
                                      ┌─ 保险
                      ┌─ 介绍专业知识 ─┼─ 财经
                      │                └─ 法商
                      │
                      │                ┌─ 学习爆款
                      ├─ 借鉴同行的优秀作品 ─┼─ 参考选题
                      │                └─ 切忌照搬
                      │
  选题策划方法 ────────┤                ┌─ 视频平台
                      ├─ 利用热点资讯 ─┼─ 资讯平台
                      │                └─ 新闻、音乐、视频等
                      │
                      ├─ 自我复盘
                      │
                      └─ 回应用户的反馈
```

1. 介绍专业知识

给对保险一无所知或带有偏见的用户群体讲一些专业知识，是保险代理人的本职工作，也是代理人比较擅长的。首先，代理人需要了解目标群体关注的领域是什么，比如养老、子女教育、健康、理财等。其次，代理人需要对相关领域的专业知识进行梳理，最好列出一个清单，这样就可以得到初步的选题。此外，代理人还可以进行延伸，比如，即使目标群体比较关注理财领域，代理人也可以讲一些法商类的知识。

需要注意的是，代理人必须讲自己掌握的专业知识。如果代理人讲了错误的内容，那么账号的专业度就会受到很大的损害。

2. 借鉴同行的优秀作品

在视频号或其他自媒体平台上，包括保险领域在内的各领域都有很多大 IP，代理人可以多关注他们，并参考其选题。对于那些点赞、转发、评论等互动数据比较好的视频，代理人可以借鉴。但要注意，借鉴不是抄袭，而是模仿对方的选题，自己撰写文案并进行拍摄。毕竟，抄袭的作品有被举报或限流的风险。如果代理人刚开始不会撰写文案，则可以模仿"爆款"的文案，进行适当的加工。总之，切忌原封不动地照搬照抄。

3. 利用热点资讯

热点资讯是一个非常重要的选题来源。但在账号刚起步时，很多代理人不知道从哪里获取热点。一个快速、简单的方法是，关注各个平台的热点排行榜。视频号、抖音、快手等短视频平台，以及微博、百度、知乎等网络平台，都有自己的热点排行榜，代理人可以有意识地去关注。如果代理人察觉到一个话题有"爆"的迹象，就可以提前准备文案并拍摄视频，发表自己的观点，引发用户的共鸣。

热点不仅包括新闻，还包括音乐、影视等，比如抖音的热门音乐。代理人可以使用最近比较"火"的某首音乐作为视频的背景音乐，还可以把音乐的名称加到标签里。这样，如果用户喜欢这首音乐，那么当他们在平台上搜索这首音乐时，平台就可能会把代理人的视频推送给他们，或者当用户点击这首音乐时，就会看到所有使用该音乐的作品，从而增加视频的曝光量。

4. 自我复盘

在发表一定数量的作品之后，代理人要复盘其中是否有点击量特别高或点赞量、转发量特别高的作品。比如，如果一个视频的点赞量特别高，说明很多用户在关注这个话题，那么代理人就可以针对这个话题再多做几期视频，从而更密集地击中用户的痛点。

5. 回应用户的反馈

如果用户在评论区留言，说明他们想要了解某方面的信息，那么代理人就可以根据用户的留言来策划下一期作品的选题。比如，某个用户在评论区提出某个保险问题，意味着其他用户可能也对这个问题存在疑问，那么代理人就可以做一期解答用户疑问的视频。这样，既可以输出利他的专业知识，满足用户的真实需求，也可以吸引更多对该话题感兴趣的用户。

（四）选择热点的注意事项

在选择热点时，代理人不能漫无目的，一定要注意以下六个方面。

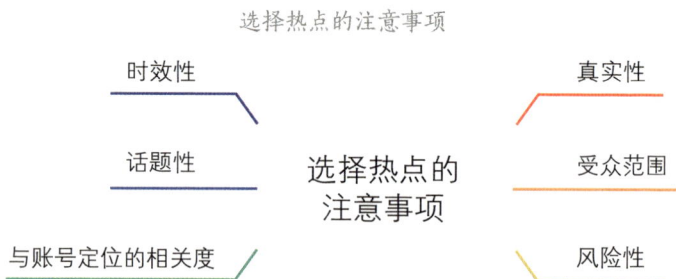

选择热点的注意事项

时效性　　真实性

话题性　　**选择热点的注意事项**　　受众范围

与账号定位的相关度　　风险性

1. 真实性

代理人要了解热点的始末，之后再发表评论。千万不要为了"蹭热点"、抢时间，刚看到某个话题非常"火"，就去发表评论，否则可能会适得其反。代理人要切记：未知全貌，不予置评。

有人可能会说，"黑红"也是"红"，被"黑"能"红"也是好事。无底线地追求"红"是不可取的。代理人首先要尽量了解热点的具体情况，充分评估热点的真实性，然后再考虑是否去评论。毕竟，保险 IP 的人设是公正、专业的金融博主，因内容不实而被限流甚至封号就得不偿失了。

2. 受众范围

在选择热点时，代理人要关注其受众范围，分析哪些受众会对相关热点感兴趣，以及受众规模的大小。代理人不要看到很多人在拍某个热点的视频，就盲目地跟着拍。比如，娱乐热点的受众很可能对金融圈毫无兴趣，代理人基本不需要去分析。

3. 风险性

在选择热点时，代理人一定要保持理智，千万不要触碰法律和道德的红线。代理人不能为了"蹭热点"而失去底线，去发表一些不正当的言论。

4. 时效性

不同时间会有不同的热点，这段时间过了，某些热点可能就不是热点了。因此，对于短期热点，代理人要抢占时间优势；对于长期热点，进行深度分析和解读则更为重要。

5. 话题性

热点之所以会成为热点，是因为其能在社会中引起广泛的传播和讨论。也就是说，热点的话题性越强，越容易引起人们的关注。

在实践中，代理人可以按照之前讲过的方法，在各大平台上搜集近期的热点话题，并及时输出内容。这样能让后台识别到内容的话题性，将其更高频、更精准地推送给对该话题感兴趣的用户，从而带来更多的流量。

6. 与账号定位的相关度

在选择热点时，代理人也要考虑其是否符合自身的人设，更确切地说，要考虑其是不是垂直领域的用户所关注的。账号内容的垂直度越高，越有利于人设的打造，以及账号的长远发展。

三、文案这样写，才能抓人眼球

在确定选题之后，接下来，代理人要做的是写文案。如果文案平平无奇，不吸引人，那么视频的数据，尤其是完播率可能会不尽如人意。因此，代理人需要用心创作文案，让文案能够"抓人眼球"。

（一）文案"三段论"

大部分"爆款"文案的底层逻辑是"三段论"——黄金开头、结构化的内容以及峰终结尾，就像一篇好的作文要有虎头、猪肚和凤尾，这样才能内容丰富、有始有终。

1. 黄金开头

一个短视频的"寿命"可能只有三秒，甚至不到三秒就会被用户"划走"。如果一个短视频的完播率很低，系统会判定它并非优质内容而选择不推流，那么该短视频就很难被传达给目标用户群体，也就更谈不上转化变现了。因此，一个短视频最重要的是开头的"黄金三秒"。也就是说，代理人一定要认真地构思文案的开头。

那么，代理人如何才能写出"黄金开头"呢？常见的方法有以下三种。

（1）抛出问题或观点，把结论前置。这是最常见的一种方法，可以有效吸引目标用户的关注。比如：

> 20多岁的年轻人，怎么买保险最划算呢？
>
> 宝宝必备的三张保单是什么？
>
> "90后"更要开始存钱养老了，您认同吗？

（2）从话题、故事或痛点切入。与日常生活息息相关的话题，更容易引发用户的兴趣。比如：

> 病历上写错一个字，几十万元就没有了！
>
> 亲身经历，史上"最坑"保险。
>
> 为什么你买的保险价格贵，保额低？

（3）用当下的热点话题开头。以热点话题作为开头，在新媒体平台的作品中是非常常见的。这是因为热点话题不仅自带流量，比普通话题更容易吸引用户，还可以得到平台的推流，增加曝光量。比如：

因为新冠疫情的影响，房贷不能及时偿还，该怎么办？

总之，"黄金开头"的原则是利用利益或危害的相关性，有效吸引目标用户群体，让他们继续看下去。

2. 结构化的内容

如果短视频的主体内容没有清晰的逻辑结构，用户就会看得似懂非懂，难以接收到代理人真正想要传达的信息。对用户来说，这无疑是在浪费时间。结构化的主体内容能够帮助代理人提升对内容的把控程度，避免走题。

代理人需要对主体内容进行分层，将其分为分析原因或解释观点、给出方案、解读模型和梳理方案四个部分。具体来说，首先，开门见山地对主题观点进行分析，筛选目标用户；其次，给出合适的多项解决方案；再次，分析各方案，解读各模型；最后，对各方案进行梳理，以加深用户的印象。

3. 峰终结尾

人们对一件事的印象，往往只有两个部分最深刻：一个是过程中的最强体验——峰，另一个是最后的体验——终。这就是峰终定律。因此，一篇好文案不仅要有吸引人的开头，还要有精彩的结尾。下面是写出好结尾的三种方法。

（1）用"金句"升华。在写结尾时，代理人既可以巧用名人"金句"或网络经典语句，也可以用自己总结的观点来进行升华，以引起用户的共鸣。比如，"比潜在风险更可怕的是，你明明在裸奔，却感觉不到冷"，这句结尾给人一种醍醐灌顶的感觉，很容易引起用户的共鸣。

（2）加强话题的互动性。比如，"你怎么看？""你觉得呢？""你学会了吗？若有不同意见，欢迎在评论区讨论"……这些话可以引发用户思考，增加用户的代入感，鼓励用户参与评论。

（3）用一句话引导用户关注或点赞。这是一种很常见的结尾，比如，"关注我，保险不踩坑，财富更自由"。

（二）文案写作的三个公式

文案"三段论"提供了创作文案的开头、主体内容、结尾的多种方法。通过将这些方法互相搭配组合，我们可以得到三个常见的文案写作公式。

1. 公式一

最简单和最常用的公式是：开头抛出问题；主体部分结合案例和论点来叙述；最后表达个人观点和引导互动。

2. 公式二

第二个公式是第一个公式的变形：将结论前置，即开门见山把结论抛出，表明观点或告知做法；主体部分证明提出观点的缘由或做法的道理；最后再次点题，引导转化。

3. 公式三

第三个公式是：开头制造冲突或反差，吸引用户继续浏览下去；主体部分对观点做出独到的解释；最后给出结论，并引导互动。利用这个公式创作的文案往往互动率较高。

这三个公式并不是一成不变的。代理人在熟练掌握"爆款"文案的底层逻辑之后，可以对文案"三段论"进行自由搭配，尝试用不同的方法创作文案。

为了更好地理解上述内容，我们来看一篇文案写作实例，其中用到的是第二个公式。

住手！别再没收孩子的压岁钱啦！	开头：结果前置

现在的孩子过年真爽，压岁钱少则几千多则几万！身为父母，你是怎么管孩子压岁钱的呢？
我们小的时候，父母打着"爸妈帮你保管，等你大了再还你"的旗号要走了压岁钱，可问题是，他们还了吗？
其实啊，如果你的孩子上了幼儿园，你就不该再没收他的压岁钱啦！
仔细回想一下，60、70后，只要掌握一个特长就能赢在起跑线，比如绘画、钢琴；80、90后，只要掌握一项技术就能赢在起跑线，比如外语、计算机。那么00、10后呢？他们长大后想要赢在起跑线，一定要有思维上的优势！尤其是他们赚钱和管钱的能力！所以啊，培养财商，咱得从小抓起，毕竟学校里可不教这个呀！那具体怎么做呢？
首先，孩子拿到钱的第一反应肯定是想去买好吃的、好玩的，咱要允许他适当奖励自己，但比例控制在20%。
其次，引导孩子把钱存到银行，因为利滚利越存越多。咱得培养孩子的储蓄意识，比例控制在50%。
最后，引导孩子把钱分散投资于股票、基金和教育保险，为将来送上一份亲手准备的大礼，比例控制在30%！

中间：
解释观点
给出方案

你学会了吗？ 关注我，爱闲聊的金融打工人李梅梅！	结尾：引导转化

（三）文案写作的注意事项

除上述文案写作的具体方法之外，在写作文案时，代理人还要注意以下六个关键点。

1. 内容不要太长

短视频的一个重要特征就是"短"。虽然我们可能看过比较长的短视频，比如有的短视频会超过 15 分钟，甚至达到 20 分钟，但它们基本上是那些已经做了很久、非常权威的博主发布的。他们的基础粉丝量和账号流量可以支撑这些短视频。

对于新手，建议尽量控制视频的时长，以提高完播率。通常我们一分钟大概能说 300 个字，所以代理人要尽量把文案控制在 600 个字以内，最好能让视频在 2 分钟内播完，不要超过 3 分钟。

2. 重点不要太多

部分代理人总想表达和传播很多内容，这是可以理解的。但是，一个短视频无法容纳太多的观点和内容，否则会重点模糊，导致用户无法记住重点。

通常情况下，代理人选择一两个重点展开即可，或者把某个重点分成几期来讲，做成系列视频，这样也能增加用户的黏性。比如，如果代理人想讲社保，则可以将其做成"五险一金"专题，每期讲一种，一共讲六期。如果代理人讲得很有意思、很专业或很浅显易懂，用户就会想听下一期的内容，从而能很大概率地提升用户的留存率。

3. 用语不要太专业

代理人作为专业人士，在工作中难免会使用一些专业术语。但在写短视频文案时，代理人要尽可能地把专业术语转化成简单易懂的用语，因为大多数用户是不了解金融知识的普通人。

此外，代理人一定要注意规避敏感词，比如涉及金钱的词语，以及《中华人民共和国广告法》（以下简称《广告法》）

中禁止使用的词语，如"第一""最"等。对于这些敏感词，代理人可以通过句易网或轻抖 App 查询，之后用其他词语替代。如果视频没有规避敏感词，是很容易被平台限流的。

4.尽量使用短句或口语化的表达

大部分人"刷"短视频主要是为了消遣放松。如果代理人长篇大论地讲专业知识，用户很可能会没有耐心看完，进而导致视频的完播率降低。因此，代理人在讲专业知识时，要尽量使用口语化的表达，且要多用短句，避免长篇大论。专业化的长篇大论，可以在一对一沟通时使用。

5.多列数字

数字作为一种符号，可以精确地传递很多有价值的信息，拥有很多文字所不具备的优点。在短视频文案中多列数字，不仅能增强内容的说服力，还能帮助用户梳理内容。如下图所示，文案中列出了很多数字，这可以大大降低理解壁垒，有助于更精准地传达信息。

案例2：这两种保险，收入再低也得赶紧买！

以下两种保险，收入再低，也得赶紧买。　　**开头：结果前置**

总是在朋友圈刷屏的众筹，实际上每个患者平均只能筹到1.14万元。这能帮到得了大病却没有钱医治的人吗？寄希望于别人，不如靠自己。花个几百元，就能得到上百万元的医疗保障，大病来了也不怕。
我们以30岁的男性为例。第一，百万医疗险，覆盖300万元住院报销额、1万元免赔额，每年只要300元，住院费和药品费都可以报销。
第二，意外险。50万元保额覆盖5万元的意外医疗和25万元的猝死保障，一年只要158元。老人、孩子都可以买，建议人手一份。

中间：揭露原因 证明结果

以上方案，一年不到500元，大病和意外风险都保障住了。想了解具体方案的可以私信我。　　**结尾：引导转化**

6.不要抄袭

这一点是重中之重。在做短视频时，代理人可以模仿他人的文案，但千万不要抄袭。如果因为抄袭而导致账号被限流、投诉，甚至封号，那就得不偿失了。

需要注意的是，代理人在模仿他人的短视频文案时，一定要根据自己账号的人设进行修改，使内容符合自己平时说话的习惯和逻辑。这样，代理人的表达才会更有感情，声音、肢体语言才会更自然、更有感染力，视频也才会更吸引人。

四、AI 技术让文案创作更简单

如今，AI 技术不断更新迭代，使用范围进一步扩大。聊天机器人 ChatGPT 在全球的火爆，让短视频的文案创作变得更加容易。

ChatGPT 是由 OpenAI 开发的一个人工智能技术驱动的自然语言处理工具，可以帮助用户进行数据分析与处理、编写与编辑、编程与开发、语言翻译与通信、信息搜寻与分析等，其模型包含大量的语言数据，能够理解语言的语法和语义。当用户与 ChatGPT 对话时，ChatGPT 会使用 GPT-3 模型处理用户输入的信息。GPT-3 模型会根据语言数据，生成一个回答候选集，并从中选择一个最佳回答。

在一定程度上，AI 技术可以帮助代理人创作短视频文案，其方式主要有以下四种。

（1）根据短视频的主题和内容提供文案创作的灵感和素材。AI 技术可以分析短视频的主题、场景、人物等，然后推荐相关的词汇、短语、句子和段落，作为文案创作的灵感和素材。比如，如果我们要做一个关于旅游的短视频，AI 技术就可以推荐与美食、景点、摄影等相关的素材。

（2）根据行业模板生成定制化文案。AI 技术可以学习不同行业的短视频的成功案例及其文案模板，然后根据代理人想做的视频内容生成定制化文案。这些文案可以作为创作参考，减少从零开始的困难。

（3）提供多个文案方案。AI 技术不会只生成一个文案结果，而会提供多个选择，其中包含不同风格和表达方式的文案。代理人可以挑选最符合 IP 人设和吸引用户的方案。

（4）自动生成短视频的标题和简介。AI 技术可以分析短视频的内容和特点，自动生成兼具吸引力和关键信息的视频标题和简介，作为文案的一部分。

但是，AI 文案创作不能完全代替人工创作。AI 技术对文字内容的理解和表达尚存在局限性，生成的文案可能不够精确、生动，难以引发用户的情感共鸣。因此，AI 技术更适合辅助文案创作，以提高代理人的创作效率。将 AI 技术和人工创作相结合，可以达到节省时间、事半功倍的效果。

第二节 ｜ 轻松拍出好看的短视频

一、拍摄设备：新手入门这样挑

本质上，短视频将文本语言转换成立体、丰满的镜头语言，借助镜头将想说的话表达出来。"工欲善其事，必先利其器。"在拍摄短视频前，代理人需要挑选合适的器材。

1. 拍摄设备

拍摄短视频的第一步是选择拍摄设备。代理人要根据拍摄需求和预算来进行选择。常见的拍摄设备主要有手机、单反相机和运动相机三类。

对初学者来说，手机就能满足拍摄需求。比如，华为、iPhone 等高端机型已经具备非常强大的拍摄聚焦及防抖功能。以 iPhone 为例，将网格功能打开，可以更方便地构图；若追求高画质，则可以选择 4K 分辨率。

当然，如果代理人对画质的要求比较高，预算也比较充足，则可以考虑更专业的单反相机。单反相机具备更好的拍摄画质和景深，光圈虚化效果也更好。

运动相机的使用频率相对不高，但它小巧灵活，方便携带。运动相机适合手持拍摄户外场景，拍摄运动画面的稳定性也较强。

2. 辅助设备

拍摄的辅助设备主要包括稳定设备、收音设备、灯光设备、提词器等，它们可以帮助代理人更高效地拍出好看且高质量的视频。

稳定设备是为了防止拍摄时的抖动影响画面的稳定性，以及用户的观感。常用的稳定设备包括手机支架、三脚架、八爪鱼支架和手持云台等。在固定机位拍摄时，通常用手机支架和三脚架即可。如果拍 vlog、户外或运动类视频，则需要使用八爪鱼支架或手持云台来维持画面的稳定性。

在拍摄短视频时，声音的清晰度也很重要。由于手机的收音效果很容易受到外部环境的干扰，所以配置收音设备是很有必要的。建议代理人使用无线麦克风或话筒来收音，这样指向性会更强，音质也会更清晰。

摄影是光影的艺术。灯光造就了影像画面的立体感，是视频拍摄中最基本的要素。虽然短视频拍摄的灯光布置不像

电影拍摄那么复杂，但基础的灯光设备还是有必要的。对于简单的视频，代理人可以用环形补光灯、LED 补光灯；对于复杂的视频，则可以用柔光箱和摄影灯。

环形补光灯主要针对"面光"进行补偿，它可以让主播面部的曝光和轮廓层次有更好的体现。如果要对拍摄环境进行光源补充，则需要使用 LED 补光灯和摄影灯。至于柔光箱，代理人可以将比较小的被拍摄物放入其中进行特定拍摄。

最后，代理人还需要配置提词器。代理人可以直接在手机上下载相关 App 或购买专用的提词器。这样，在拍摄短视频时，代理人就可以眼神很自然地看台词，减轻背稿的压力。

二、如何用手机拍出"大片"效果

对刚开始做自媒体的初学者来说，购买相机的话，投入的成本未免过高。其实，如果代理人设置好手机拍摄的各项参数，用手机也能拍出"大片"效果。

以 iPhone 为例，打开设置，找到相机，然后点击录制视频，选择 4K/60fps 的分辨率和帧率。这样设置会让视频的画质更好，但也会因为视频文件过大而造成上传速度较慢或占用过多手机内存。因此，如果代理人对视频画质的要求不高，选择 1080pHD/60fps 的分辨率和帧率即可。

为了方便在拍摄时取景构图，建议同时开启网格、镜像前置镜头、查看超取景框取景这三个功能。网格功能可以把画面按横向和纵向平均分成九个部分，帮助代理人更好地确认画面是否平齐、人物是否居于画面的重点位置。镜像前置镜头功能可以在前置摄像头拍摄时自动左右翻转画面，减少后期处理的步骤。查看超取景框取景功能可以帮助保留最完整的画面，方便后期处理素材。

构图	
网格	⬤
水平	⬤
镜像前置镜头	⬤
查看超取景框取景	⬤

最后，在相机格式中，选择视频的存储方式。如果代理人想要视频的效果更好，就选择高效格式；否则，选择兼容性最佳格式即可。

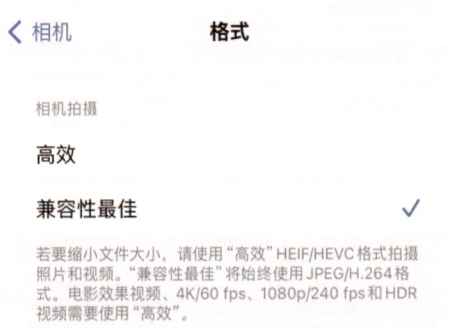

‹ 相机	格式
相机拍摄	
高效	
兼容性最佳	✓

若要缩小文件大小，请使用"高效"HEIF/HEVC格式拍摄照片和视频。"兼容性最佳"将始终使用JPEG/H.264格式。电影效果视频、4K/60 fps、1080p/240 fps和HDR视频需要使用"高效"。

三、做到这五点，拍出"高大上"的短视频

1. 稳

画面稳定是拍摄短视频的首要原则。虽然现在的手机或相机一般都有防抖功能，拍摄软件也会进行一些补充和调整，但只有拿得稳，拍出来的画面才能让人看得舒服。

在没有其他固定设备的情况下，建议双手持手机拍摄，并用两只手的虎口卡住手机，尽量保证拍摄的稳定性。当然，代理人最好使用三脚架等固定设备，特别是在拍摄人物的时候，这样用户才能更关注人物本身，而不是画面。

在不能使用三脚架但能合理构图的环境下，代理人可以利用附近的物体作为身体的倚靠，来提升拍摄的稳定性。

2. 平

所谓平，其实是相对的。在拍摄时，代理人应该以地平线为参照物来调整相机或手机，也就是说，拍出的画面至少应该是水平的。比如在下图中，红线是水平线。当然，代理人也可以根据实际情况和拍摄效果，寻找相应的参照物作为水平线。如果拍摄的画面做不到水平，就很容易影响观感。

3. 镜头语言

只有掌握了镜头语言的原则，代理人在剪辑时才能做到游刃有余。

就固定镜头而言，一个基本原则是"三秒原则"。某个固定镜头，在去掉对话或行动等有目的性的片段后，通常只剩下三秒左右的时间。三秒的时间长度，是最适合观看的单镜头时长。因此，代理人在拍摄任何画面时，理论上都不要少于三秒。为了方便后期剪辑，拍摄单镜头的时长建议延长至五秒。也就是说，如果代理人要剪辑一个三秒的画面，至少要拍摄五秒。

除了固定镜头外，代理人可能还会用到推、拉、摇、移等相关镜头。此时，代理人就需要适当地增加相关镜头的时长，但一般也不能超过八秒，否则不利于后期剪辑。

4.拍摄角度

根据被拍摄者面对镜头的位置，拍摄角度可以被简单划分为正面拍摄、侧面拍摄和背面拍摄。这三种拍摄角度各有自身的特点，代理人可以根据拍摄主题的需要来灵活选择。下面，我们来分别介绍这三种拍摄角度的特点。

（1）正面拍摄。正面拍摄是用手机正对着被拍摄者的面部进行拍摄，它可以较好地展现被拍摄者完整的面部表情和特征。这种拍摄角度的特点是稳定而严肃。对用户而言，正面拍摄可以营造一种面对面交流的感觉。

（2）侧面拍摄。侧面拍摄指的是从被拍摄者的侧面取景，它不仅可以展现被拍摄者的面部表情，还可以表现被拍摄者的部分姿态。这种拍摄角度从第三视角展现全貌，有助于更加广泛地表达内容，以及更加全面地刻画人物。

（3）背面拍摄。背面拍摄常用于被采访者或被拍摄者不方便出镜的情况，它通过手机对准被拍摄者的背影或对焦在其他物品上，来弱化被拍摄者的形象。这种拍摄角度更能突出整体环境，提升纪实效果和参与感。

5. 构图法

构图是决定画面美感的重要因素，而画面美感则决定了视频的拍摄质量。代理人要想让拍出来的视频重点突出、布局合理、美观高级，就要深入研究构图法。

最常用的构图法是"三分法"，主要适用于横画幅和竖画幅。按照"三分法"安排主体和陪体，画面会显得重点突出、留白适中。

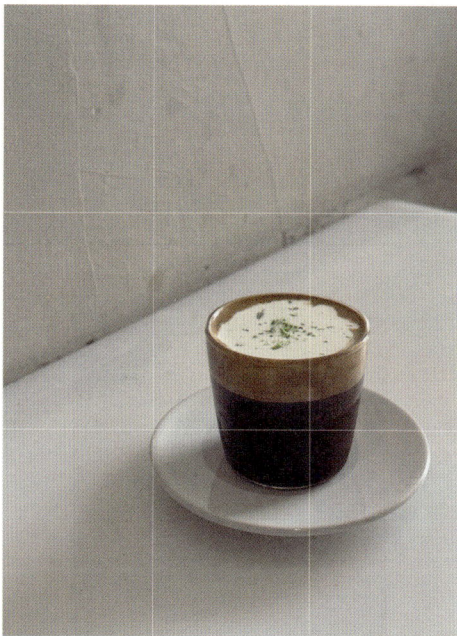

如上图所示，在构图时，可以在设置中打开网格功能，将画面横竖各分成三等份，线条的交叉点就是"趣味中心"。在拍摄时，将想要突出的重点置于"趣味中心"处，画面在视觉上会更加美观。

四、人物类短视频的拍摄技巧

1. 人物构图

对于保险垂直类短视频，在任何自媒体平台上，人物口播一直是主流类型。这种类型的短视频可以直观地传达代理人想要输出的保险知识，打造专业的 IP 人设。

　　如下图所示，按照前文的操作介绍提前打开手机的网格功能，并将人物的头部调整至画面从上往下的三分之一处。这种构图可以将画面的重点和用户的目光焦点重合在一起，使画面整体上比较协调、重点突出、留白较少。

2. 拍摄方式

　　视频的拍摄方式在很大程度上影响了画面的效果和视频的风格。在实操时，代理人要根据拍摄对象来选择拍摄方式。

（1）俯拍。俯拍往往会让人物显得更加美观。微微俯拍的角度能弱化人物的下颌部分，使其更显精致美观。对画面人物有较高外貌要求的博主，通常会选择这种拍摄方式。

（2）侧面仰拍。如果拍摄对象是成功人士，建议采用侧面仰拍的角度，以体现人物受人尊敬、地位高。

（3）模拟采访。所谓的模拟采访，是指摄像机从一个旁观者的视角出发，模拟一个虚拟的采访者进行拍摄。采用这种拍摄方式时，受访者即被拍摄者不需要直视镜头。也就是说，代理人在搭建设备时，要将被拍摄者安排在摄像机的侧面，以第三人的视角进行拍摄。

模拟采访这种拍摄方式有以下三个好处。

第一，客观性。由于这种方式是从旁观者的角度进行拍摄的，所以它能够较为客观地展现事件或场景，避免主观情感的过度介入，使观众能够更理性地理解所呈现的内容。

第二，多角度观察。这种方式允许拍摄者从多个角度展示事件或场景，可以提供丰富的视觉信息，使观众能够更全面地了解事情的经过和背景。

第三，增强代入感。虽然采用这种拍摄方式时，观众是以旁观者的视角进行观看的，但通过精心设计的拍摄手法和叙述方式，也可以引导观众产生强烈的代入感，仿佛自己就是那个虚拟的采访者，身临其境地感受着事件的发展。

3.视频时长及比例

人物类短视频的时长一般在 5 分钟以内，画面比例为 16∶9 至 6∶7，横屏或竖屏都可以。代理人最好将短视频的时长控制在 1 分钟以内，这样可以提高完播率。

图片来源于"微信时刻"公众号

如上图所示，在观看短视频时，屏幕的上下两端会有平台的信息，如博主 ID、视频介绍等，它们在一定程度上会遮挡画面内容。因此，视频的画面应该置于核心内容区域，这样可以保证画面不被遮挡。

总之，短视频的拍摄需要不断地练习。代理人可以随时用手机拍摄生活中有意义的时刻，培养自己拍摄短视频的技能。在拍摄时，代理人要仔细考虑拍的内容以后是否能用上，而不仅仅是随手拍一些生活片段。此外，代理人还可以模仿自己喜欢的视频的拍摄手法，多加练习。

五、如何快速上手 AI 口播视频

我们都知道，打造 IP 有很多难点，比如门槛高、投入大、回报周期长。不具备相关条件的代理人，可以尝试制作 AI 口播视频。

首先，代理人需要上传一段 5 分钟的人物视频。AI 会通过神经网络学习人物的容貌、口型、表情、神态和声音数据，构建数字人形象模型。其次，代理人需要上传一段录音，3 分钟后即可自动生成 AI 口播视频。

AI 口播视频的优势非常明显，具体如下：

（1）制作成本低。用传统方式制作短视频的话，一条可能要花数百元，每月则可能要花数千元，甚至上万元。而 AI 口播视频的制作成本很低，市面上的报价一般是一条 20 元左右。

（2）生产效率高。拍摄短视频可能需要两三天的时间。制作 AI 口播视频的话，上传录音即可自动生成视频，无须拍摄，大概只需一小时。

（3）应用场景丰富。在制作 AI 口播视频时，代理人可以一键更换背景，然后多账号矩阵发布。诸如节日祝福、新闻公告等场景，代理人都可以使用 AI 口播视频。

（4）1∶1 还原真人。AI 数字人的容貌、口型、动作、表情、神态和声音，基本都能达到与真人相差不大的效果。

第三节 ｜ 短视频剪辑：后期制作来"加分"

一、剪辑前，要做好哪些准备工作

　　在开始短视频的剪辑之前，代理人首先要确定视频的展现形式。常见的视频展现形式有以下六种：真人口播、口播和网络素材的组合、vlog、动画视频、剧情表演和访谈模式。此外，代理人还要确定账号的定位。下面是两个较为成功的保险垂直类账号，不难看出，它们有以下特点：

（1）有与垂直内容相关的 ID；

（2）有统一和谐的封面；

（3）封面展示视频的主题内容；

（4）视频内容紧贴账号垂直定位。

在确定好账号的定位和视频的展现形式后，代理人需要设置拍摄设备的参数。如果是用单反相机拍摄的话，那么清晰度和景深无须进行过多调整；如果是用手机拍摄的话，则需要按照前文讲过的设置方法调整手机的参数。

接下来，代理人需要下载剪辑软件。相较于市面上专业的付费剪辑软件 Premiere，免费的剪映更适合大多数代理人。因为对剪辑新手来说，Premiere 的操作难度大，购买费用高，而且对设备的要求也高。而剪映更容易入门，可以在手机、平板和电脑上免费下载和使用，而且功能齐全，对设备的要求也不高。

二、五步玩转短视频剪辑

剪辑准备工作完成后，代理人就可以进入剪辑的操作流程了。具体来说，剪辑的操作流程可以分为以下五个步骤。

（一）第一步：制作片尾

（1）点击下方的剪同款图标；

（2）搜索"片尾"；

（3）选择合适的模板后，点击"剪同款"；

（4）导入职业照或其他合适的照片后，点击"导出"。

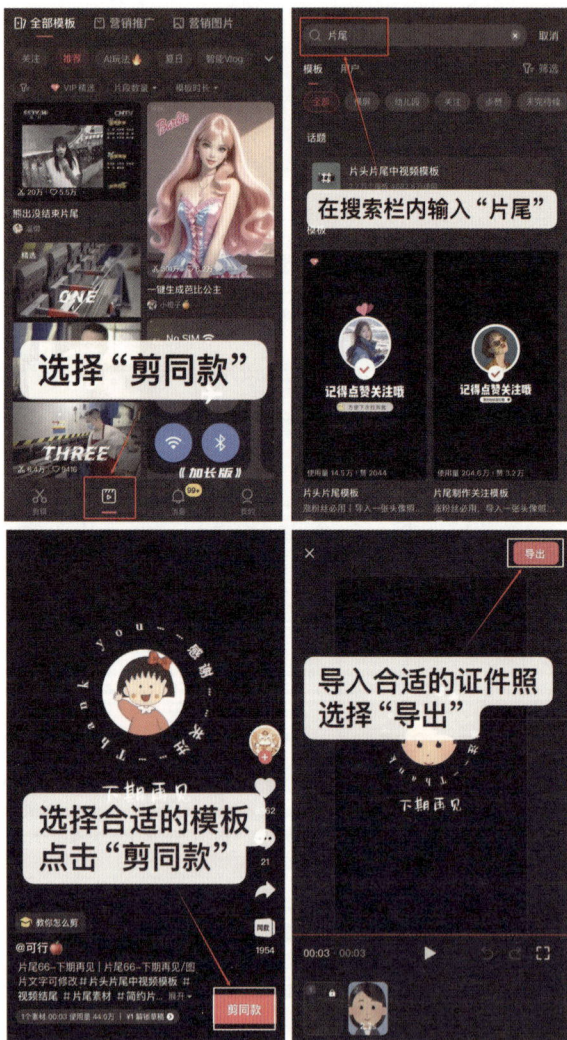

（二）第二步：编辑素材

1. 添加视频素材

（1）打开剪映 App，点击"开始创作"；

（2）添加已拍摄好的视频素材；

（3）进入剪辑界面后，可以通过滑动底部轨道上的视频来调整视频的顺序。

2. 去除废片部分

去除废片部分的方法有两种。第一种方法是删减视频的前后端。在轨道上选中要编辑的素材，按住前后两端的白色方块滑动，即可调整、删除视频的前后部分。第二种方法是删减视频的中间部分。如下图所示，拖动进度条，让白线位于要删减部分的前端，点击"分割"；重复上述操作，"分割"需删减部分的后端；点击中间的视频，选择"删除"即可。

3. 添加转场特效

在将整段视频进行分割或导入多段视频后，两段视频中间会出现一个白色方块。点击方块，即可根据视频的特点添加合适的转场特效。

4. 调整视频比例

（1）在下方的功能界面中选择"比例"；

（2）进入编辑后，选择竖屏 9：16 或横屏 16：9；

（3）使用双指缩放画面直至比例合适。

（三）第三步：添加贴纸动画和字幕

1.添加贴纸动画

（1）在下方的功能界面中选择"贴纸"；

（2）进入选择界面后，既可以按照分类选择内容需要的贴纸（符合人设、语境、情绪），也可以直接搜索关键字查找相应的贴纸；

（3）选择好贴纸后，可根据需要调整位置、大小和出现时长。

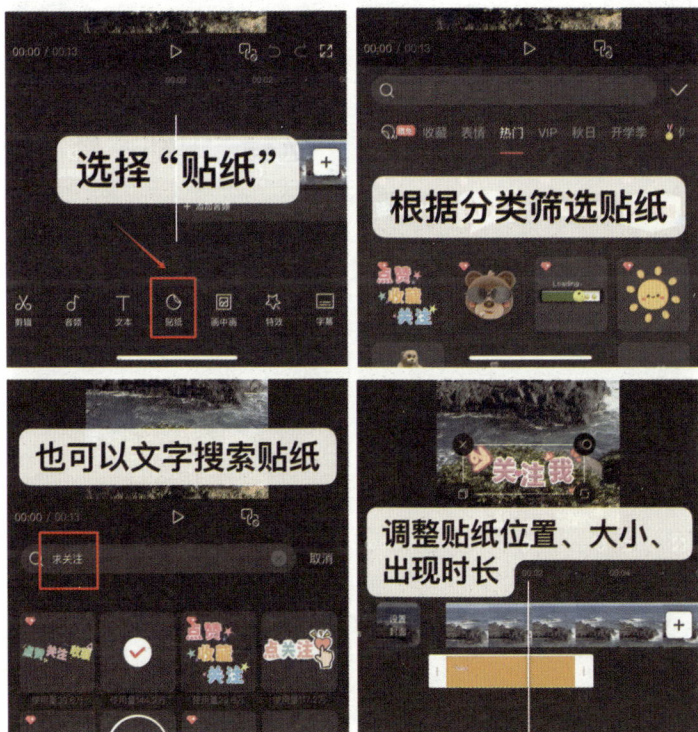

2.添加字幕

（1）进入剪辑界面后，点击底部的"文本"选项；

（2）找到"识别字幕"功能并点击；

（3）勾选"同时清空已有字幕"，点击"开始识别"（需要在有网络的情况下完成）；

（4）调整字幕格式，双指滑动可调整大小；

（5）点击画面中的字幕，进行校对、修改，比如改错别字、长句改短句、调整画音使其同步等。

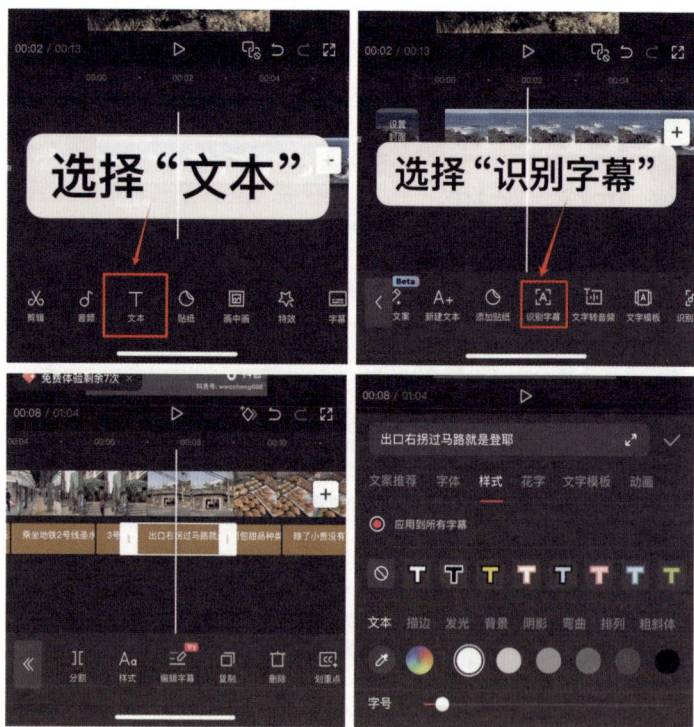

3.违禁词替换

各个短视频平台都有审核机制，以保证视频的内容合法、合规，避免各种风险的发生。因此，代理人需要借助相关工具来审核文案，避免视频因为违禁词而被禁放。常用到的工具有句易网和轻抖小程序。

4. 添加顶部标题

（1）进入剪辑界面后，点击底部的"文本"选项；

（2）点击底部的"新建文本"选项；

（3）输入内容，调整字体、位置；

（4）调整文字轨道时长。

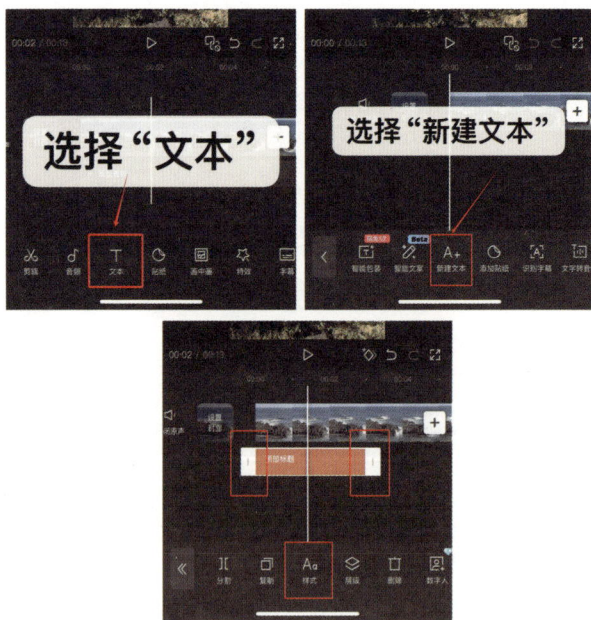

（四）第四步：添加音效和背景音乐

（1）点击视频条下方的"添加音频"；

（2）添加自带的音乐、自己的录音，或者提取手机相册里视频中的音频；

（3）调整音频的轨道长度，以匹配视频的轨道长度；

（4）调整背景音乐的分贝，音量不宜过高；

（5）选择相关音效，点击"使用"，并调整轨道将其添加在需要的地方。

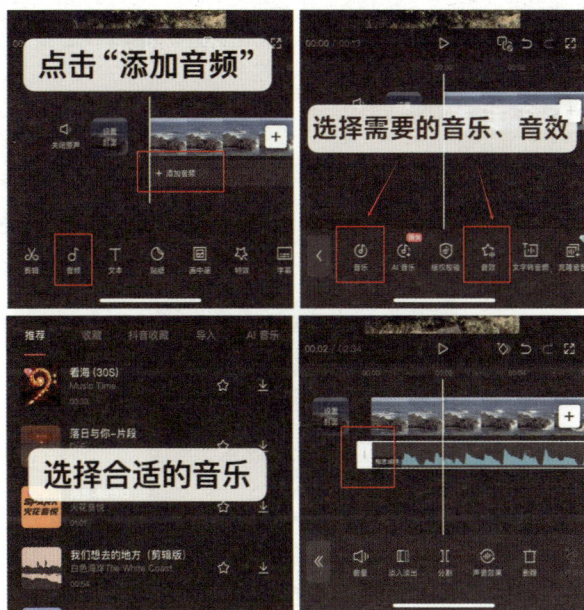

需要注意的是，添加的背景音乐和音效都应该符合视频的节奏和整体氛围。

（五）第五步：制作封面和导出

1.制作封面

（1）点击时间轴最左侧的"设置封面"；

（2）选择视频中的一帧画面作为封面，或者导入相册中的图片作为封面；

（3）添加文字并更改标题的文字样式（需要足够醒目）。

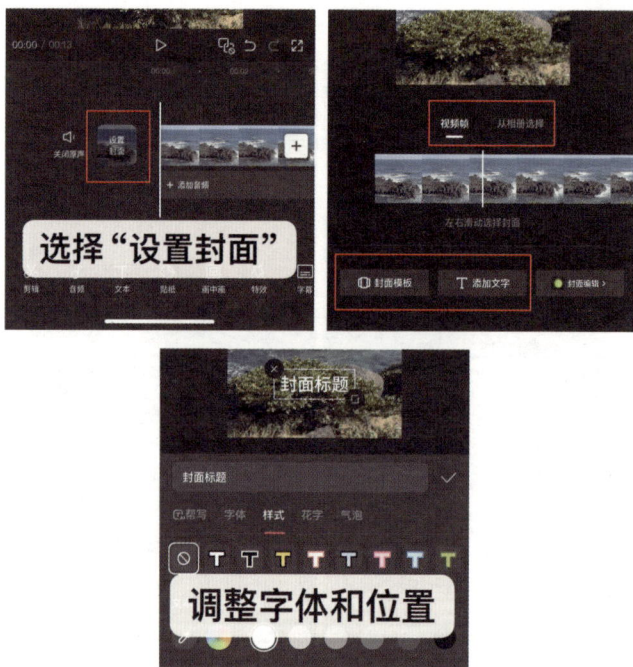

2.设置分辨率并导出

（1）编辑完成后，点击右上角的"1080p"；

（2）调整分辨率和帧率（可以参考提示的视频文件大小）；

（3）点击"导出"，在此过程中，不要退出、点击、黑屏或切换 App。

三、添加外部素材，让短视频内容更丰富

为了充实视频的内容，让视频呈现的效果更加多元化，代理人还可以从一些素材网站上下载可商用的资源添加到视频里。

（1）央视影音 App。该 App 中可以点播和检索央视各大频道、各大卫视、各个地方频道等众多电视栏目，这些视频资源在注明来源后可以免费使用，是极为权威的素材。

（2）包图网。该网站拥有海量、免费、高清的图片和视频素材，内容涵盖广告设计、插画动图、UI 新媒体、商务办公等各类应用场景，也有多种格式的素材可供挑选。

（3）稿定素材。该网站的素材覆盖面非常广，并按照热点、行业做了精选专题。直接搜索关键词会自动关联相关专题，且有非常多的素材可供挑选。

第四节 ｜ 主播的自我修养

　　要想成为优秀的短视频创作者，表演、表达的能力必不可少，因为它会直接影响用户的观看体验，以及短视频的内容能否顺利地传递给用户。因此，提升自身的表演、表达能力，是成为优秀的短视频创作者的必练之功。

一、普通话不好，就做不了主播吗

在训练自身的表演、表达能力之前，代理人首先要明确一个问题：普通话一定要非常标准吗？答案是否定的。只要代理人讲的普通话能让身边的人听懂，就不用过于担心，更何况短视频还有字幕。因此，代理人完全不用担心因为普通话不标准而不适合当主播。

但是，代理人有必要去练习普通话。不仅如此，一切有利于提升自身形象的技能，代理人都要去练习。当然，这并不是说代理人要逐个练习所有的声母和韵母，而是要根据自身的情况找到发音的难点，有针对性地进行练习。

下面是人们在发音过程中的一些常见错误，我们一起来看一下。

1. b 和 p

二者都是双唇塞音，其发音要领是：双唇在阻挡气流后，突然打开，气流冲破阻碍，爆破成声。在发这两个音时，力量要集中在双唇中间的三分之一处。

练习：

白石塔，白石搭，白石搭白塔，白塔白石搭。搭好白石塔，白塔白又滑。

八百标兵奔北坡，炮兵并排北边跑。炮兵怕把标兵碰，标兵怕碰炮兵炮。

2. d、t、n 和 l

d 是舌尖中、不送气、清、塞音；t 是舌尖中、送气、清、塞音；n 是舌尖中、浊、鼻音；l 是舌尖中、浊、边音。这四个音的发音部位在舌尖与上齿龈处。

练习：

调到敌岛打特盗，特盗太刁投短刀。挡推顶打短刀掉，踏盗得刀盗打倒。

牛郎年年恋刘娘，刘娘连连念牛郎，牛郎恋刘娘，刘娘念牛郎，郎恋娘来娘念郎。

3. n 和 ng

前鼻音和后鼻音的区别主要在于舌位、口形不同。带鼻尾音 n 的韵母，也称前鼻音，比如 an、en 等。前鼻音的发音部位是舌尖与上齿龈，发音时，舌尖与上齿龈形成阻碍，让气流从前鼻腔流出，形成前鼻音。带鼻尾音 ng 的韵母，也称后鼻音，比如 ang、eng 等。后鼻音的发音部位是舌根与软腭，发音时，用舌根顶住口腔上方的软腭，使气流从后鼻腔里流出，形成后鼻音。

练习：

扁担长，板凳宽，扁担没有板凳宽，板凳没有扁担长。扁担绑在板凳上，板凳不让扁担绑在板凳上，扁担偏要绑在板凳上。

4. zh、ch 和 sh

在发这三个音时，舌头要稍向后缩，舌尖向上翘起，顶住硬腭前部，所以它们也叫翘舌音。

练习：

知道就说知道，不知道就说不知道，不要知道说不知道，也不要不知道说知道，要老老实实，实事求是。

三月三，小三去登山；上山又下山，下山又上山；登了三次山，跑了三里三；出了一身汗，湿了三件衫；小三山上大声喊，离天只有三尺三。

5. z、c 和 s

在发这三个音时，舌尖要顶住上下齿背，使气流从舌尖和上齿背的间隙通过。由于这三个音不卷舌，所以它们也叫平舌音。

练习：

公园有四排石狮子，每排是十四只大石狮子。每只大石狮子背上是一只小石狮子，每只大石狮子脚边是四只小石狮子。史老师领四十四个学生去数石狮子，你说共数出多少只大石狮子和多少只小石狮子？

二、五个方面提升表演、表达能力

在表达的时候，代理人要注意有对象感、情感以及语气的变化，同时还要注意节奏和停顿。在实践中，代理人可以通过以下五个方面来提升自己的表演、表达能力。

1. 重音

重音是指在表达的过程中，为了强调或突出某个词、某个短语而将其读得重一些。突出重音的方式通常有两种：重读和拖长。突出重音的难点在于如何找到重音。在突出重音的时候，代理人一定要注意，只强调重点，不重要的一带而过。如果任何内容都强调，反而无法起到强调的效果。此外，停顿也能有力地突出重音。

练习：

最近有人问我，自己和别人的工龄差不多，为什么退休后的养老金差别会这么大呢？别人有四千多元，而自己只有两千多元，差了一倍。

2. 停顿

停顿是指说话时语音的间歇。常见的停顿有以下几类：句逗停顿、结构停顿、语法停顿和强调停顿。停顿不必拘泥于标点符号，更多基于情感以及说话习惯。

练习：

买房办贷款 / 不容易。那么，大家知道 / 办贷款 / 要注意什么吗？第一，要注意 / 自己账户的 / 银行流水。在办贷款之前，我们的账户 / 在半年或一年之内，最好每个月 / 都要有 / 固定的收入。

这家"国民级" / 养老保险公司的来头 / 真的不一般，它是由工行、农行、中行、建行、交行等 17 家"巨无霸级"的金融机构 / 联合发起创立的。

3. 节奏

美学家朱光潜先生曾说："节奏是一切艺术的灵魂。"在表达时，代理人需要保持相对稳定的语速，以便用户能够理解自己传达的内容。在重点内容或需要强调的部分，代理人可以适当地放慢语速甚至稍微停顿，给用户预留思考和记忆的时间。

练习：

如果父母想把房子留给你，怎么做比较划算呢？有三种方法。我把它们的好处和坏处都说给你听，你自己来选。如果觉得有用，可以点赞、收藏。

第一种方法是继承，也就是父母在百年以后，把房子留给你。这种方法不需要缴纳个税、契税、增值税等。但比较麻烦的是，第一继承人可能不只有你，还有你的爷爷、奶奶或外公、外婆。（停顿）就算他们放弃继承权了，你还得拉着他们去签放弃继承的声明。等他们都签完以后，你还要做继承权公证，而公证费会达到房屋评估价的2%。而且你还需要按照累进计费率交一定的房屋评估费用。此外，你还要缴纳房屋评估价0.05%的印花税，以及其他费用。（停顿）

第二种方法是赠与，也就是父母把房子送给你。如果采用这种方法，受赠方要缴3%的契税，双方要缴0.05%的印花税。（停顿）如果你以后想把这个房子卖掉，需要按照赚到的差价缴20%的个税。（停顿）

第三种方法是父母把房子卖给你。如果父母买的房子超过了5年，那么你就不用缴增值税。如果他们的名下没有其他房子，你也不用缴个税，最多缴3%的契税。（停顿）以后你想卖房子，只需要缴1%的个税。因此，这种方法比较自由，也比较划算。

4. 情感

在表达的过程中，代理人一定要加入自己的情感，这样才能引起用户的共鸣。如果代理人讲的内容连自己都无法打动，又如何能让用户认同呢？

练习：

买了 50 万元的意外险，后来因意外猝死，保险公司却拒赔了。你说气人不气人？

家长们，好消息！让咱们头疼不已、让孩子们上瘾的网络游戏，国家已经重拳出击，进行整治了。

最近有很多朋友来找我，让我帮他们看看保单。我一看，实在是痛心，花了上万元，就只给宝宝买了一份保险。那些产品，贵不说，还配置得完全不合理。

5. 对象感

代理人在拍短视频时，心里必须时刻装着用户，预想用户的存在和反应。代理人要记住自己不是在自言自语，屏幕的前面坐着很多用户，要有交流感。

练习：

病历单上只差一个字，几十万元的赔偿直接没有了。这是怎么回事呢？问题就出在你拿去报销的那张病历单上。

我身边的很多朋友会定期给父母"孝敬费"或买保健品，不是说这样做不好，但我觉得，我们完全可以换个思路。给父母买保险，既可以规避我们担心的健康风险，又可以用养老金的方式给父母存一笔钱。这样，不仅可以让父母健康长寿，在社保之外多领一笔钱，我们也可以幸福无忧。是不是？

三、备稿练习：找到自己的节奏

除了学习表演、表达的技巧，代理人在拍摄短视频前，还要熟悉并练习稿件，以提升拍摄的效率和效果。以下是一些较为实用的备稿方法。

　　在初读稿件时，代理人应该根据内容的逻辑划分段落。在划分好段落后，代理人要逐段深入理解，找出重点句子或词语。最后，代理人要根据内容加入适当的情感，精读每个段落。

　　对刚起步的代理人来说，第一遍读完稿件后，要理解稿件的含义和层次结构。第二遍读完稿件后，要自行找出重点部分。从第三遍开始，代理人要熟读稿件，并深刻理解稿件的内容。在读第四、第五遍时，代理人可以尝试代入情感，进行有感情的表达。在十遍之内，代理人要能够达到亲切、流畅、有对象感的录制水平。经过多次有针对性的练习，代理人备稿练习的效率会逐步提高。

　　在备稿的过程中，代理人切忌照着稿件念而不理解其深层含义，否则视频很难有感染力，自然也无法引起用户的共鸣。此外，代理人还要避免机械地表达。换位思考一下，假如你是用户，也不会喜欢看语气和节奏特别平淡的视频。如果代理人在读稿的过程中，总是感到特别别扭，则应该根据自己的情况来调整稿件的句子，使其符合自己习惯的语序和语气。

四、出镜时，我该穿什么

　　在拍摄短视频时，造型和妆容的重要性不言而喻，它们往往是代理人留给用户的第一印象。

（一）挑选服装

1.根据脸型挑选服装

（1）菱形脸。菱形脸给人一种距离感。若要提升亲和感，可以选择圆润的领口，比如圆领、U形领或开口比较大的领子，比如一字领。斜角领也是不错的选择。

（2）圆脸。圆脸的面部钝感强，折叠度比较低，可以选择U形领、V形领和方领。要尽量避免小圆领和小高领。秋冬季穿高领打底衫时，可以戴项链来转移视线。若叠穿衬衫，可以把衬衫的扣子解开到胸部的位置。

（3）长脸。长脸给人一种成熟感、稳重感，可以选择有弧度的领口，比如圆领、小高领、荷叶边领。要尽量避免大V领，因为它会将视觉中心向下移，让脸显得更长。

（4）方形脸。方形脸比较丰满，线条很清晰，往往给人一种硬朗的感觉，但在亲和感方面略有缺失。若要提升亲和感，可以选择大领口的U形领或V形领，这样能很好地拉伸脖颈线条，柔和骨骼感。

2.色彩选择

拍摄短视频时，不宜选择色彩饱和度过高的衣服，比如大红、大紫的衣服。以下颜色的衣服，代理人都要尽量避免。

选择色彩饱和度较低的衣服，相对不容易出错，比如以下颜色。

3. 不同身型的穿法

（1）梨形身材。这一身材的特点是上窄下宽，具体来说是肩窄、腰细、胯宽大、大腿粗。这一身材的穿衣重点是：突出上半身，遮胯部，将目光焦点往上移，以平衡下半身的比例。这一身材的人要避免穿以下服装：打底裤、骑行裤、直筒裙、短裤、短裙等紧身类下装，具有膨胀效果的蓬蓬裙，宽松运动装，带有流苏或口袋装饰的下装。

（2）Y形身材。Y形身材也叫草莓形身材，其特点是上宽下窄，具体来说是肩背较宽厚，胸部不丰满，腰部较细，臀部大小适中，腿部较细。这一身材的人在穿衣服时，要突出下半身曲线，柔和肩部线条。

（3）X形身材。X形身材也叫沙漏形身材，其特点是上半身和下半身都饱满圆润、曲线匀称，腰非常细，形如沙漏。这一身材的人在穿衣服时，要顺应曲线，突出腰线，弱化丰满感，尽量避免穿宽松、无腰线、高领的衣服。此外，还可以用配饰转移视觉焦点。

（4）H形身材。这一身材的特点是"三围"差距不大，胸、腰、臀的宽度几乎一致。这一身材的穿衣重点是装饰上身和臀部，增加曲线感。这一身材的人可以选择胸部和臀部有修饰设计的衣服款式，比如V形领和下摆有层叠褶皱花边的裙子，要尽量避免腰部有堆积感的造型，比如穿包臀裙。

4. 男性穿搭

与女性相比，男性的穿搭相对简单。但这并不意味着男性代理人不需要重视着装。在拍摄金融类短视频时，男性代理人的穿着应该整洁、有气质，以凸显其专业性和可信度。在金融行业中，西装是男性最为常见的穿搭，因此代理人在拍摄短视频时最好穿西装出镜。

至于西装的颜色，代理人可以选择深色系，比如黑色、深蓝色、灰色等。深色的西装看上去庄重、正式，有利于展现代理人的专业形象。此外，代理人在选择西装时还要注意其面料和剪裁，确保西装合身且没有皱褶。

至于衬衫的颜色，代理人可以选择与西装同色系的颜色，以保持整体协调。白色或淡蓝色等明亮的色调可以增加活力，但注意不要与背景色冲突。

领带是提升代理人整体形象的重要配饰。代理人可以选择经典的款式和颜色，如选择带有细纹或波点图案的款式，避免过于花哨。需要注意的是，领带的面料和颜色要与西装和衬衫相配。

除此之外，代理人还可以适当选择一些配饰，比如手表、领带夹等，但注意不要过于华丽或夸张，以简洁大方的款式为主。

（二）选择妆容

金融类博主的上镜妆容要干净、大方、显气色，以给用户留下自信和干练的印象。可爱或华丽的风格则不太合适。

1.底妆、修容

（1）底妆的色号要适合自己，一般挑选与脖子肤色相同的色号，避免太过突兀；

（2）日常修容一般只需要画两个部分，一是整体轮廓，二是山根；

（3）底妆要干净，不要厚重，选自然光泽或哑光；

（4）腮红点到即可，存在感不要太强。

2.眼妆

（1）追求自然，但不要太平淡；

（2）内眼线细且利落；

（3）睫毛卷翘，根根分明，避免"苍蝇腿"；

（4）可以使用大地色眼影强调眼部轮廓，低饱和度的眼影会显得更加自然。

3.唇妆

（1）唇形涂抹精致；

（2）颜色不宜太过鲜艳；

（3）挑选持久度好的哑光口红。

第五节　│　短视频运营：0 粉丝起号

一、流量在哪里，客户就在哪里

在学习短视频运营之前，代理人首先需要弄清楚一个问题：客户资源在哪里？绝大多数代理人之所以会离开保险行业，几乎都是因为缺乏客户资源。因此，如果代理人想长期留在行业内，就必须解决客户来源的问题。只有拥有源源不断的客户，代理人才能成为行业内的"常青树"。

那么，如今客户资源在哪里呢？答案是在数字化平台里。随着互联网的不断普及，人们的生活和工作模式已经发生了翻天覆地的变化，比如手机已经成为人们生活中不可或缺的一部分，对目前的消费主力军——"80 后""90 后"群体来说，更是如此。一方面，他们已经习惯了通过互联网获取信息；另一方面，他们的很多消费是通过手机在线上完成的。

因此，在如今这个时代，如果代理人想要寻找更多的客户资源，就必须利用好互联网平台，传播个人影响力，让更多的人看到自己、信任自己。常见的互联网平台包括 B 站、抖音、快手、小红书、知乎、头条，以及微信的朋友圈、公

众号、社群和视频号等。最近几年，短视频非常受欢迎，在
全世界范围内流行，衍生出许多新的产业链。目前，我国短
视频平台的用户数量已经接近网民总数的 90%，也就是说，
绝大多数网民有刷短视频的习惯。

　　总之，如果代理人想要寻找更多的客户资源，就必须充
分利用短视频的流量。代理人要牢记：流量在哪里，客户就
在哪里；客户在哪里，代理人就应该在哪里。

二、抖音、视频号、小红书、快手，怎么选

　　目前，主流的短视频平台包括抖音、视频号、小红书和
快手，每个平台都有其独有的特性和运营规则。因此，为了

获得更好的效果，代理人必须了解这些短视频平台。

日活量（Daily Active User，DAU）是用于反映平台运营情况的指标。数据显示，在上述四个短视频平台中，抖音的日活量最高，约为 8 亿人次；其次是快手和视频号，分别约为 3.93 亿人次和 3.47 亿人次；最后是小红书，目前已经突破 1 亿人次。视频号虽然起步较晚，但依托微信超 13 亿个用户，已经悄悄跻身短视频的第一梯队。除此之外，虽然小红书的日活量相对较低，但其粉丝黏性是最高的，尤其是女性粉丝，因此它又被称作"女性用户版的百度"。

在这四个短视频平台中，干预程度最小的是视频号，因为其算法主要依托社交推荐，社交关系权重高。抖音的内容质量权重高，干预程度相对较大。快手的直播权重是最高的，干预程度适中。小红书重点关注的是粉丝，发布内容后粉丝会被优先提醒，干预程度也较大。

在用户特征方面，视频号依托微信的社交属性，社交关系内容曝光率高，地域分布均衡，用户被动接受内容推送，粉丝互动性适中。抖音的优质内容曝光率高，地域分布多在一、二线城市，用户被动接受内容推送，粉丝互动性低。快手的长尾内容曝光率高，直播推送率高，地域分布逐渐下沉到中小城市，用户半主动接受内容推送，粉丝互动性中等。小红书的内容曝光率中等，但是推送精准，转化率高，地域相对集中分布在一、二线城市，用户主动接受内容推送，容易被"种草"，而且相对容易引流，垂直账号的粉丝互动性高。

对代理人来说，视频号的门槛低，"冷启动"有优势，账号运营的难度适中，而且依托微信生态布局，个人操作的难度相对较低；抖音的门槛相对较高，前期的爆发力强，账号运营的难度高，人力、物力和财力的投入相对较大，个人操作难度相对较低；快手的门槛适中，前期用户增长相对缓慢，后期用户增长稳定，重视直播商业化，人设"接地气"，账号运营的难度高，个人操作的难度相对较低；小红书的门槛低，而且目前小红书鼓励财经类短视频创作，有价值、有话题性的保险类短视频曝光率高，用户的增长基于代理人能持续创作，账号运营的难度适中，个人操作的难度相对较低。

因此，建议代理人先在视频号和小红书上发布短视频作品，因为这两个平台的前期运营成本和操作难度相对较低。待积累了一定的短视频作品后，代理人可以再运营抖音和快手账号。

目前视频号还处于"红利期"，对代理人来说它也是非常好的个人品牌名片。而且视频号不需要下载单独的 App，直接内嵌在微信的功能模块中，操作起来也很方便。接下来，我们主要以视频号为例，来讲一下短视频的运营。

三、视频号短视频发布的流程和技巧

（一）上传操作

把短视频上传到视频号上的方式有两种。第一种方式是把视频传到微信上进行下载，在手机上上传。这种方式的优点是操作简便，缺点是视频的像素会被压缩，进而降低视频的清晰度。第二种方式是用数据线把视频上传到电脑上，在电脑上上传。这种方式能保证视频的清晰度，提高可观看性。建议代理人用第二种方式上传，在电脑上登录视频号助手即可。

（二）封面制作

把剪辑好的高清视频上传到视频号平台后，代理人需要制作短视频的封面。虽然有些账号的短视频没有单独制作的封面，比如一些"接地气"的账号，其短视频的封面往往使用视频内容中的某一帧，但有些账号的短视频还是需要单独制作封面的。

制作短视频封面的常用专业工具是 PS，但对新手来说，它操作起来有一定的难度。建议新手使用创客贴、稿定设计等图片设计网站，这些网站可以一键抠图，自带字体特效、图片格式、图片模板等，操作简单，而且还有新手指导。

（三）视频描述

完成上述操作后，代理人还要描述视频内容，以便让更多人看到自己的视频。在描述视频内容时，代理人要撰写标题来概括视频的主题，以增加吸引力。此外，代理人还要添加与视频内容相关的、精确的话题，这样，平台才能更好地识别视频内容，进而更精准地进行推荐。需要注意的是，话题要少而精。

1.标题撰写

下面是标题撰写的四种方法。

（1）问答式标题。根据视频内容提出问题，引导用户去视频中寻找答案。比如：

高端的养老社区长什么样子？

保险公司不是慈善机构，目的是盈利？

住院只能住 15 天，超过不能报销？

养老金在上涨，到底能领多少？

（2）引发好奇式标题。通过夸张的手法、猎奇的事物引发用户的好奇心。比如：

河南司机为了救人，损失 30 万元

社保的 2 个密码，80% 的人不知道

孩子看病，不花一分钱的方法

这个保险的坑，上亿人都踩了

（3）利益冲突式标题。通过利益冲突的痛点激发用户兴趣。比如：

社保三大谣言，千万别信

别再瞎买车险了，这样买最划算

一字之差，保险少赔上百万元

（4）结论式标题。通过结论式标题直接点明主题。比如：

农村父母的福利，三项补贴要来了

社保没交满 15 年，养老也有办法了

2. 话题设置

在撰写完标题后，还需要加上若干以"#"开头的话题。话题不仅能够精准地传播短视频，还将会在账号的主页展示，体现账号的内容类型。常用的话题有以下几种：

（1）保险类短视频常用话题，比如"社保""养老""保险""重疾险""养老金""择优理赔""资产配置"等。当然，代理人也可以选择个人栏目话题，比如"健谈保险"

"健谈育儿"等。

（2）财经类热门话题，比如"与财同行"等。

（3）可以 @ 的人，比如"微信时刻"、自己的视频号等。

（四）位置和链接

代理人可以定位自己的地理位置，这样不仅可以让用户更了解自己，也有助于同城搜索。假如有与视频内容相关的公众号文章，代理人也可以直接在扩展链接关联文章，与该公众号进行联动。

四、营销利器：平台认证

在前面，我们简单讲过取得平台认证的优势。下面，我们再来系统讲一下取得平台认证的优势，以及如何在各大平台取得认证。

（一）取得平台认证的优势

（1）更容易上热门推荐。在取得平台认证的资质后，平台会自动将账号认定为优质账号，账号的优质内容会被增加曝光权重，这样进入平台推荐流量池会变得更容易。

（2）获得平台更多推荐。取得平台专属的认证是需要提供证明材料的，平台在审核相应材料后会给予账号认证标识，这代表着账号获得了"身份"。相较于普通的非认证账号，取得认证的账号更容易获得平台推荐，以及精准匹配的类目流量，在被搜索时权重更高，更容易获得曝光。

（3）提高视频的审核速度。因为在申请平台相应的认证时，代理人已经提供了相关的证明材料，平台也已经对账号的专业程度和内容质量有了一定的认可，所以平台会优先审核取得认证的账号的待发布视频。这样，取得认证的账号的内容就可以早他人一步被曝光。

（4）降低信任壁垒。在取得平台认证的资质后，代理人账号的主页会根据粉丝量级的不同，显示不同的认证图标。

当一个陌生用户第一次浏览代理人的账号时，有认证图标就意味着有平台信用背书，内容质量有保障，这会大大降低信任壁垒。

（二）各平台取得认证的方法

1. 视频号

目前视频号正处于"红利期"，所以账号取得认证的条件可以降低。一般情况下，账号需要同时满足在近 30 天内至少发布过一个视频号动态、填写简介、完成实名认证和拥有 1000 个粉丝等条件，之后才能取得认证。但是，如果账号加入视频号的原创计划，取得认证则只需要拥有 500 个粉丝。

视频号的认证分为兴趣认证和职业认证，其中职业认证需要博主拥有某个职业身份，比如运动员、精算师等。在达到相应的粉丝数量后，代理人可以申请认证财经自媒体或财经博主；在粉丝数量达到 1 万人后，还可以"解锁"金 V 认证。

以手机端操作为例，具体的认证步骤如下图所示。首先，在视频号的个人页面中选择"创作者中心"；其次，在创作者服务模块点击"更多"，并根据自身的情况选择认证的类目；最后，在达到平台规定的要求后即可提交材料申请认证。

　　此外，视频号还可以与公众号和企业微信进行绑定，以增加粉丝的入口。绑定公众号可以更详细地展示和解读作品内容，毕竟短视频的时长一般比较短。绑定企业微信则可以有效地增加粉丝的黏性，引导其进入社群。

　　下图是具体的绑定公众号和企业微信的步骤。首先，在视频号的个人页面的右上角，点击"三连点"；其次，在账号安全与绑定模块中，选择需要绑定的相应账号。

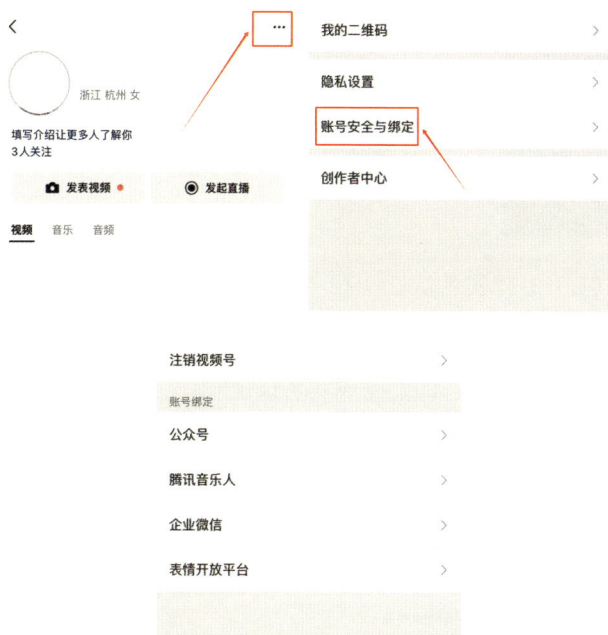

2. 抖音

抖音的认证主要包括个人黄 V 认证、企业蓝 V 认证和组织蓝 V 认证。对代理人来说，取得个人黄 V 认证即可。以下是具体的认证操作流程。

（1）进入账号设置页面。在抖音首页的右下角点击"我"进入个人主页，然后点击右上角的"三连点"，选择"设置"，再点击"账号与安全"。

（2）进行实名认证。在"账号与安全"的页面中，点击"实名认证"，然后填写自己的姓名和身份证号码，再上传身份证正反面照片，即可完成实名认证。

（3）进行资质认证。操作步骤与实名认证相同。不同的认证类型有不同的要求，其中，大部分取得个人黄 V 认证需

要满足三个条件：近 30 天发布视频数大于等于 3 个，粉丝数量大于等于 1000 人，已进行实名认证等。

（4）等待审核。提交认证申请后，一般 1~3 个工作日会收到审核结果。审核通过后会收到认证成功的通知。

3. 小红书

小红书的身份认证分为三种：第一种是个人职业资质认证，第二种是机构认证，第三种是企业认证。大多数财经博主会进行个人职业资质认证。成功申请专业号后，可以获得商业化所需要的专属身份标识、强大的运营能力、营销工具等。

小红书的认证操作流程和其他平台较为相似，具体步骤如下：

（1）打开小红书 App，点击右下角的"我"，进入个人中心页面。

（2）在个人中心页面中，找到并点击"设置"选项。

（3）在设置页面中，找到并点击"账号与安全"，然后选择"官方认证"。

（4）根据页面提示，填写相关的认证材料，并上传身份证照片或营业执照等证明材料。代理人一般选择的类目是个人身份（商业财经）。

（5）等待官方审核，一般需要 1~3 个工作日。审核通过后，账号认证完成。

五、三招快速提升点赞量

（一）如何查看数据

在学习如何提升点赞数据之前，代理人需要知道如何查看数据。以视频号为例，视频号助手的功能模块有三个，分别是视频管理、直播管理和数据管理。我们来分别介绍一下。

视频号助手的功能模块

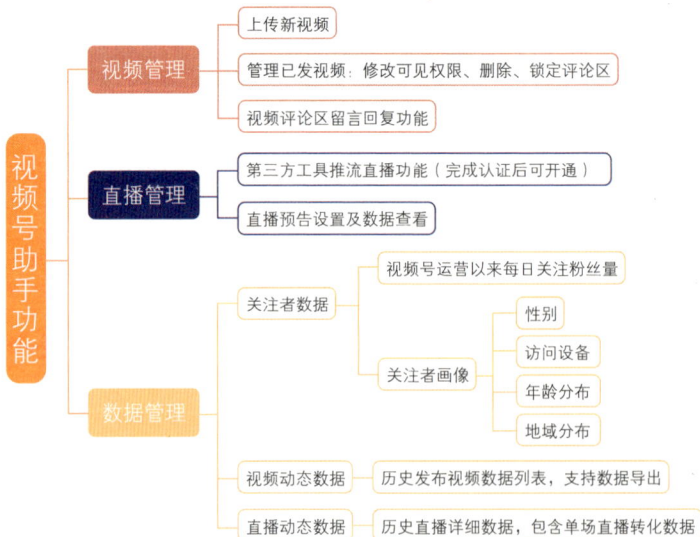

1.视频管理

（1）上传新视频；

（2）管理已发视频，包括修改可见权限、删除、锁定评论区；

（3）视频评论区的留言回复功能。

2.直播管理

（1）第三方工具推流直播功能（完成认证后可开通）；

（2）直播预告设置及数据查看。

3.数据管理

（1）关注者数据：每日关注者的数量变化，关注者的性别、访问设备、年龄分布、地域分布等信息；

（2）视频动态数据：历史发布视频数据列表，同时支持数据导出；

（3）直播动态数据：历史直播的详细数据，包含单场直播的转化数据。

视频号助手是视频号的官方数据平台，所以代理人一定要养成登录视频号助手、查看各项数据的习惯。在每个视频发布后，代理人都要看一下相关的各项数据，然后进行有目的的改进。此外，还有一些付费工具可以帮助代理人查看视频数据，比如新视等。这些工具的优点是可以对账号进行数据追踪，了解账号的运营情况，实时查询平台热点，以及近期的带货数据，以帮助代理人筛选热门产品。

（二）三招提升点赞数据

点赞数据往往可以直观地反映一个短视频的传播范围和触达力度。在实践中，代理人可以采取以下三种方式来提升点赞数据。

（1）在视频画面里引导点赞（暗示）。比如，在视频结尾处加上点赞大拇指的动画效果，引导用户点赞。

（2）直接或间接地在视频中求点赞。比如：

如果觉得内容对你有帮助，可以点个小红心。（直接求）

大家会给我小红心吗？会的。（用画外音间接求）

（3）在视频描述中引导点赞。比如：

如果视频能给大家启发，大家可以点个赞。

听过的／喜欢的，请点赞。（寻求认同感）

为培养科学家的老师点赞。（为视频中的人点赞）

如果我做得对，请给个爱心。（求支持）

需要提醒的是，就保险类的短视频账号来说，评论区一片空白是常态，代理人要提前做好心理建设。

六、合规：短视频运营的底线

短视频平台不是法外之地，尤其是自媒体本身就具有传播的性质，因此代理人在运营短视频时一定要遵守相关的法律法规。

（一）《中华人民共和国广播电视法》及《广告法》的相关规定

1.《中华人民共和国广播电视法》（以下简称《广播电视法》）第十九条

《广播电视法》第十九条对广播电视节目内容进行了明确的规定，要求广播电视节目不得含有以下内容：

（1）违反宪法确定的基本原则，煽动抗拒或者破坏宪法、法律、法规实施，歪曲、否定社会主义先进文化；

（2）危害国家统一、主权和领土完整，泄露国家秘密，危害国家安全，损害国家尊严、荣誉和利益，宣扬恐怖主义、极端主义；

（3）诋毁中华优秀传统文化，煽动民族仇恨、民族歧视，侵害民族风俗习惯，歪曲民族历史或者民族历史人物，伤害民族感情，破坏民族团结；

（4）歪曲、丑化、亵渎、否定革命文化、英雄烈士事迹和精神；

（5）违背国家宗教政策，宣扬邪教、迷信；

（6）危害社会公德，扰乱社会秩序，破坏社会稳定，散布虚假信息，宣扬淫秽、赌博、吸毒，渲染暴力、恐怖，教唆犯罪或者传授犯罪方法，宣扬基于种族、国籍、地域、性别、职业、身心缺陷等理由的歧视；

（7）侵害未成年人合法权益或者危害未成年人身心健康，不利于未成年人树立正确的世界观、人生观、价值观；

（8）侮辱、诽谤他人或者散布他人隐私，造成不良社会影响；

（9）法律、行政法规禁止的其他内容。

这些规定是为了保证广播电视节目的内容健康、积极向上，维护社会公德和公共利益，同时也是为了保护未成年人的身心健康和合法权益。作为短视频创作者，在规划、制作短视频内容时应当严格遵守这些规定，不得制作含有不良内容的视频。

2. 避免使用《广告法》中的违禁用语

在创作短视频时，代理人要特别注意避免使用《广告法》中规定的违禁用语。以下是一些常见的违禁用语。

（1）绝对化用语，比如"最""最高""最低价"等。使用绝对化用语，容易导致虚假宣传，违反《广告法》的规定。

（2）承诺性用语，比如"保本""保证赚钱"等。承诺性用语容易误导消费者，也属于《广告法》规定的违禁词。

（3）涉及不良信息的用语。短视频中不要涉及不良信息的用语，比如色情、暴力、恐怖等相关用语。

为了避免使用这些违禁用语，代理人在创作短视频时要仔细审查，确保内容符合法律法规的要求。同时，代理人也要注意保证内容客观、真实和可信，避免给用户带来不良的影响。

（二）《网络短视频内容审核标准细则》的相关规定

根据《网络短视频内容审核标准细则》的相关规定，短视频及其标题、名称、评论、弹幕、表情包等，其语言、表演、字幕、画面、音乐、音效中不得出现以下方面的内容：

（1）危害中国特色社会主义制度的内容；

（2）分裂国家的内容；

（3）损害国家形象的内容；

（4）损害革命领袖、英雄烈士形象的内容；

（5）泄露国家秘密的内容；

（6）破坏社会稳定的内容；

（7）损害民族与地域团结的内容；

（8）违背国家宗教政策的内容；

（9）传播恐怖主义的内容；

（10）歪曲贬低民族优秀文化传统的内容；

（11）恶意中伤或损害人民军队、国安、警察、行政、司法等国家公务人员形象和共产党党员形象的内容；

（12）美化反面和负面人物形象的内容；

（13）宣扬封建迷信，违背科学精神的内容；

（14）宣扬不良、消极颓废的人生观、世界观和价值观的内容；

（15）渲染暴力血腥、展示丑恶行为和惊悚情景的内容；

（16）展示淫秽色情，渲染庸俗低级趣味，宣扬不健康和非主流的婚恋观的内容；

（17）侮辱、诽谤、贬损、恶搞他人的内容；

（18）有悖于社会公德，格调低俗庸俗，娱乐化倾向严重的内容；

（19）不利于未成年人健康成长的内容；

（20）宣扬、美化历史上侵略战争和殖民史的内容；

（21）其他违反国家有关规定、社会道德规范的内容。

当然，上述内容只是对《网络短视频内容审核标准细则》规定的概括性总结，具体的细则有 100 条，这里不一一列举。建议代理人认真阅读该文件，在制作短视频的过程中保证内容合法合规。

（三）保险IP账号常见的违规情况

保险 IP 账号常见的违规情况主要包括以下四个方面：

（1）未经授权发布他人的原创内容。金融领域涉及大量的数据分析、投资策略等，创作者若未经过原创者的授权就直接发布其内容，就会侵犯他人的知识产权。

（2）虚假宣传。为了吸引用户的眼球，一些金融类 IP 账号夸大投资收益或提供不实信息，误导用户进行投资决策。这种行为可能会违反《广告法》和相关法规。

（3）违规推荐股票、期货等金融产品。一些金融类 IP 账号在未经许可的情况下推荐股票、期货等金融产品，或在推荐时存在误导、虚假宣传等行为，可能会对投资者的利益造成损害。

（4）违规集资。一些金融类 IP 账号以高回报为诱饵，违规进行集资活动，这种行为可能会违反相关法规。

除上述常见的违规情况之外，实践中还有很多其他的情况也可能构成违规。为了确保保险 IP 账号能够正常运营，代理人一定要遵守相关法规和平台的规范，发布合规的内容，避免过度营销或虚假宣传等行为。

第三章

直播：与你的目标客群高效沟通

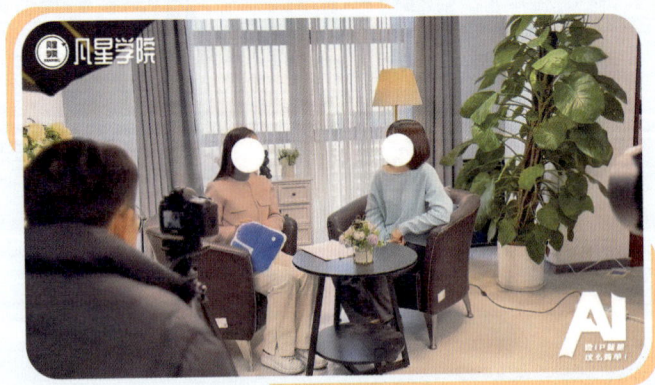

第一节 | 有了短视频还要做直播吗

一提到保险直播，很多代理人往往会有这样的疑问："打造保险IP，通过短视频不就可以了吗？为什么还要做直播？"其实，在完整的保险IP打造的闭环中，短视频和直播都是重要的组成部分。

在代理人对保险IP打造有了一定的认识，并成功打造了作为获取流量的工具——短视频账号后，大部分代理人会发现仅仅通过短视频输出内容，传播的影响力是有限的。虽然短视频作为引流和传播的工具非常合适，但若代理人通过"短视频+直播"的组合拳输出内容，则能增加经营客户的触手，大大增强沟通的时效性，并且能更精准地解决客户的痛点。

一、直播能解决代理人的三大痛点

1. 增员难

现如今，保险业正处于转型时期，这是公认的事实。传统渠道的代理人正在逐年流失，而专家预测该流失速度还未达顶点。在这种大环境下，增员的成本和难度都变得极高。

针对增员难的问题，代理人可以通过直播分享增员的重要性和标准，强调质量而非数量。在直播中，代理人可以展示自己的职业发展路径和成功案例，以激发潜在增员对象的兴趣和信心。此外，代理人可以提供完善的培训体系和支持，让潜在增员对象看到加入团队后的成长空间和保障。

2. 获客难

随着消费主力群体的改变，新生代消费者对线上消费模式的接纳程度较高，也习惯于在互联网上获取信息。而传统的线下获客模式则难度升级，各种不可控因素的限制都加大了代理人获客的难度。

针对获客难的问题，代理人可以利用视频号直播的实时互动功能，与用户建立信任关系，以提高转化率。在直播中，代理人可以分享保险知识，解答用户的疑问，以展示自己的专业素养。同时，代理人可以结合视频号的推荐算法，精准定位目标用户群体，提高直播的曝光率和观看量，并通过数据分析，不断优化直播内容和形式，提升用户满意度。此外，代理人还可以开展线上线下结合的营销活动，比如邀请客户参与直播互动、赠送礼品等，以吸引更多的潜在客户关注并参与直播。

3. 沟通难

虽然许多代理人已经开始逐步运营自己的自媒体账号，但是短视频的制作和发布需要一定的时间，而且平台上的互动也有一定的滞后性。因此，代理人通过短视频往往很难做到及时跟用户沟通和互动，也难以准确地表达信息。

　　针对沟通难的问题，代理人可以在直播中采用通俗易懂的语言，避免使用过于专业的术语，以便用户更容易理解。此外，代理人也可以利用视频、图表等形式，直观展示保险产品的特点和优势，以增强用户的认知和理解。代理人还可以在直播中设置互动环节，比如提问、投票等，以鼓励用户积极参与，提高沟通效果。同时，及时回应用户的评论和反馈，可以增强与用户的互动和信任。

二、打好"短视频＋直播"组合拳

　　在保险 IP 打造初期，很多代理人会有这样的疑问：短视频和直播孰轻孰重？毕竟代理人的精力是有限的，很难通过双渠道密集地输出内容。

　　首先，这两个渠道对应两个不同的流量池。一个账号不论有没有发布过短视频，都可以直播。我们团队在试点的时候发现，一个没有粉丝的账号的直播间流量和发布了短视频的账号的直播间流量并没有很大的差别。

　　其次，这两个渠道是相辅相成的。一方面，短视频可以给直播带来一部分自然流量。当用户刷短视频时，会看到正在直播的 IP 账号的头像外围有光圈闪烁。如果短视频的内容能吸引用户，那么用户点进直播间的概率就会增加。另一方面，在直播的过程中，沉淀的用户可能会进入主页浏览短视频，这不仅会大大增加短视频的流量，还会让代理人的形象更加丰满，有助于破除信任壁垒。

因此，为了最后的成交变现，代理人不能错过每一个潜在的客户，两个渠道并行是很有必要的。"短视频 + 直播"的双渠道组合能让代理人的形象更加全面，有利于成交变现。

目前就是代理人开始保险类直播的最好时机。对比各个平台的流量及其增速，我们可以发现，抖音和快手的流量已经趋向饱和，而视频号的日活量是 3.5 亿人次，距离 13 亿人次还有很大的增长空间。也就是说，抖音和快手的流量争夺已经从增量竞争走向存量竞争，需要差异化深耕；而视频号的建设仍在不断完善中，处于发展的"红利期"。因此，在视频号直播更容易获得流量支持。

此外，视频号还会根据私域进行流量推荐，社交属性更强，且私域流量不用付费。有了流量基础，直播起步的难度会相对较低。

接下来，我们以视频号为例，介绍如何开启直播以及直播的一些技巧。

第二节 ｜ 做好这三步，轻松开直播

一、直播前，要做好哪些准备工作

（一）直播设备置备

代理人在刚开始做直播时，千万不要把直播的门槛想得太高，不要一门心思研究复杂的直播设备，想着打造"高大上"的直播间。在直播的起步阶段，一切应该尽量简单化。一部手机、一个补光灯和一个手机支架就足够了。

在逐渐熟悉直播之后，代理人可以更新迭代自己的直播设备。具体的直播设备可以参考以下清单。

（1）电脑／手机：输出设备。

（2）手机／摄像头：用作外接画面采集设备。

（3）声卡／话筒／耳机：可以获得良好的收音效果，以及避免回音，且声卡中的特效音可以烘托直播氛围。

（4）补光灯：在避免频闪的前提下补充光源，避免面部不平整。

（5）支架：保持各个设备的稳定，避免画面抖动。

（二）直播场景搭建

首先，直播间的布置要让用户产生场景感。代理人应该根据直播的主题、人设进行布置。此外，直播间最好布置一些实物，比如产品架、道具、白板、海报等。

其次，直播要在一个独立、安静的环境中进行，避免干扰，但户外直播除外。

最后，根据监管部门的规定，在直播时，代理人还需要将执业证编号、真实姓名和所属公司标明在直播画面中。

需要注意的是，代理人要确保直播时的网络良好，避免卡顿或严重延迟导致直播效果不佳。

二、哪些内容可以吸引和留住用户

直播内容是吸引和留住用户的根本。因此，在直播前，代理人需要准备完备的直播内容。

在直播初期，直播间的用户几乎都是私域粉丝，所以代理人不要摆出高高在上的姿态，和他们讨论技能或心得等话题。在这个阶段，代理人可以选择朋友圈中点赞量高和互动多的话题作为直播内容的切入点。通过和用户聊天，代理人可以获得用户的反馈，并逐渐提升自己的表达水平。

如果代理人想要更进一步，则可以考虑分享自己擅长领域的内容。假如代理人不熟悉自己分享的内容，会使直播显得非常不自然，也会很容易让用户觉得代理人不专业。因此，代理人一定要分享自己擅长领域的内容，这样才能更好地展现自己的优势。

在直播间，代理人可以和用户分享以下四类话题。

（1）第一类话题是"服务"。在直播时，代理人面对的大多数用户是保险潜在客户，而介绍与保险相关的知识也是代理人最擅长的。因此，代理人可以从客户服务的角度来切入。比如，代理人可以讲重疾险、医疗险等不同险种知识，也可以讲理赔知识，还可以讲选择养老院等养老规划知识。

（2）第二类话题是"方法"，也就是行业"干货"。这方面的内容，更多是面向同业输出的。代理人可以把自己擅长的知识提炼、整理出来，也可以通过知乎、抖音、小红书等平台总结"干货"知识，比如怎么写朋友圈、怎么和客户沟通等。代理人最好先进"讲师圈"，然后通过连麦来直播，这样"涨粉"的速度会较快。

（3）第三类话题是"情绪"。代理人可以直播分享自己对一些事情的感想。比如工作真苦、真累，为什么客户不理解，为什么销售那么难做等。这些内容可以引起用户的共鸣。

（4）第四类话题是"观点"。代理人可以直播分享自己对一些事件或现象的观点和看法。比如养老问题，就业问题，年轻人为什么不愿意结婚、生子，等等。

三、三种直播途径的玩法

（一）手机端发起直播

在手机端微信 App 上发起直播，是最基本的、对设备要求最低的直播方式。这种直播方式不受时间和地点的限制，但是场景单一、景深有限，形式也比较单一。具体的操作步骤如下。

1. 发起直播

首先，进入视频号，点击右上角的人物轮廓图标进入个人中心；之后，点击屏幕下方的"发起直播"，屏幕上会出现"直播"和"创建预告"两个选择。其中，"创建预告"功能可用于直播前的预热工作。

　　如果是第一次直播，需要先完成实名信息和年龄的双重认证。点击"直播"，就可以进入认证页面。完成认证后，即可进行接下来的设置工作。

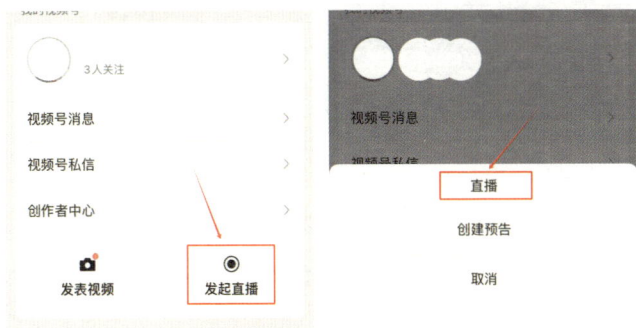

2. 基础设置

1）修改封面

　　进入直播间设置页面后，点击"修改封面"，可以将默认的微信头像替换成提前制作好的直播海报。在完成这一步设置后，转发分享直播间，将会显示海报封面。这样的话，用户就可以清楚地知道直播的主题内容，从而吸引对直播感兴趣的潜在用户。

2）分类

直播分类包括日常生活、颜值、知识教学、购物和音乐等。如果账号已经获得官方平台的认证或"加白"（加入白名单，需要专业注册的 MCN 公司操作），那么代理人可以根据账号的认证种类选择直播分类。点击"选择分类"，选择知识教学中的子项类，就可以得到平台的精准推流，从而高效获取用户。如果账号还没有获得官方平台的认证，建议代理人选择日常生活中的日常聊天类别，避免被平台限流。

3）权限

点击"公开直播"，可以选择直播对哪些用户公开。"公开"指的是向所有用户开放。"部分可见"中的"指定聊天成员可见"是指向好友列表内的指定用户或指定群聊成员开放；"指定名单可见"则需要在视频号助手中添加名单，只有在此名单上的用户可以观看直播。

4）发红包

首先，点击"选红包群"；其次，选择要发红包的群聊，设定红包金额，并点击"塞钱进红包"；最后，点击"立即支付"，即可完成发红包。代理人可以指定本场直播中领取红包的用户范围。在开播后，被选择的群聊将会收到派发红包的提醒。

需要注意的是，红包的金额必须大于1元，且每个群聊每月最多只能接收来自同一名用户 5000 元的红包。此外，红包的领取有效期为 24 小时，过期后红包将被自动退回。

5）定位

点击"标记位置"，可以选择直播的位置，以获得地域流量的支持和平台的推荐。

6）画面

点击"画面"，可以调节美颜及美妆的效果，添加滤镜、特效、贴图，翻转镜像，切换前后置摄像头和关闭摄像头。

7）音乐

点击"音乐"，可以搜索、选择音乐作为直播的背景音乐，营造直播需要的氛围。

8）链接

点击"更多"—"链接"，可以添加直播预告链接、公众号链接和红包封面链接。在直播时，代理人可以根据直播的节奏和流程适时地推送这些链接，以达成直播的目标。

9）抽奖

点击"抽奖"，可以设置直播奖品以及抽奖条件。

完成以上设置后，在开播之前，代理人还需要对设备以及上述的设置重新检查一遍。一切准备就绪，并且确认妆容、造型无误后，代理人点击绿色图标"开始"，就可以开始直播了。

（二）电脑端发起直播

使用电脑端微信 App 也可以发起直播。这种直播方式对设备的要求适中，只需要一台电脑就可以添加多样化的画面。虽然这种方式的清晰度有限，但也可以完成一场较为专业的直播。

1. 安装软件

（1）下载电脑端微信 App。

（2）进入微信 App 后，点击左下角的三条横线图标，之后点击"视频号直播工具"。待直播插件下载、安装完毕后，就可以看到视频号的直播画面。

2. 直播工具

1）画面源

点击右上角直播工具中的"画面源"，即可开启或关闭该功能。开启"画面源"功能后，点击"画面源"选项框内的加号，可以添加外接摄像头、手机画面、游戏进程、窗口、桌面、多媒体和文本等多种画面源，进行画面输出。通过叠加不同种类的画面源，可以达到输出完整画面信息的目的。

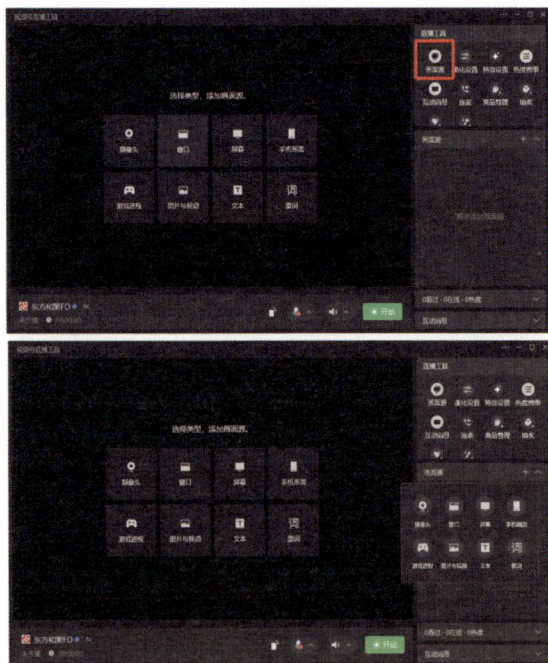

2）热度榜单

点击"热度榜单"，右侧工具栏中会出现下图所示模块。在开播后，该模块会显示具体的在线观众及热度，便于代理人在直播中及时观察直播的热度走势，调整直播内容。

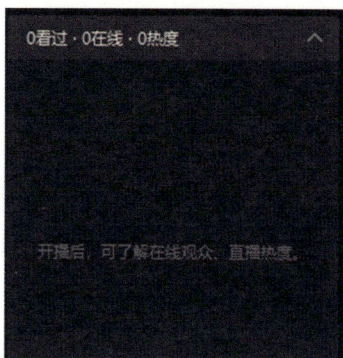

3）评论

点击"互动消息"，右侧工具栏中会出现下图所示模块。在开播后，所有用户的互动都会出现在这里，便于代理人在直播中和用户进行互动和交流。

4）连麦

开启"连麦"功能后，将出现下图所示的连麦浮窗。

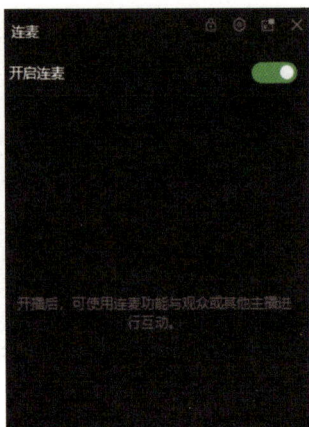

　　直播连麦包括和粉丝连麦、和其他 IP 账号主播连麦两种。和粉丝连麦，可以增强用户的参与感和粉丝黏性，刺激更多的互动量；和其他 IP 账号主播连麦可以通过思想的碰撞输出优质内容，并且能够达到"破圈"融合、资源置换和增强影响力的效果。

　　5）商品管理

　　点击"商品管理"，即可进入视频号助手，编辑商品链接。

　　如果代理人想添加新的商品，可以点击"新增商品"。在新增商品的过程中，代理人需要先选择商品所属的类目，并进行类目资质申请（如果尚未申请）。完成类目选择后，代理人可以进入商品编辑页面，填写商品信息，比如商品名称、属性、详情、价格等。需要注意的是，代理人要确保商品信息准确、完整，并优化商品描述和主图，以提高商品的吸引力。

对于已上架的商品，代理人不仅可以进行编辑操作，修改商品信息、价格、库存等，还可以根据需求，将商品设置为上架或下架状态。上架的商品将展示在店铺中供用户购买，而下架的商品则不会展示。

在商品管理界面，代理人不仅可以查看所有已上架、待上架或已下架的商品列表，还可以根据商品编号、商品名称、价格区间、商品类目等条件进行筛选和查询。此外，代理人也可以查看并处理用户的售后问题，比如退款请求等。

6）屏幕旋转

点击屏幕旋转图标，代理人可以根据直播需求选择横屏输出画面源或竖屏输出画面源。

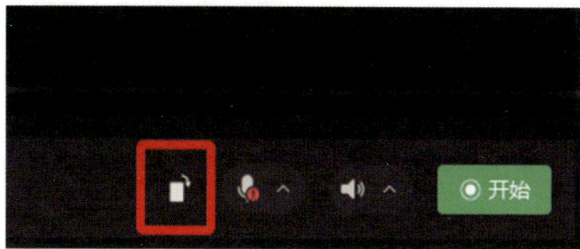

如果直播内容主要是与用户互动、展示产品外观或进行现场讲解，且目标用户主要是移动设备用户，那么竖屏可能更为合适。如果直播内容需要展示较多的文字、图表或详细的产品信息，且目标用户可能会使用电视或电脑观看，那么横屏可能更为合适。

　　然而，无论选择哪种屏幕方向，重点都是保持内容的高质量和用户有更好的体验。此外，代理人也可以考虑在直播过程中根据用户的反馈和互动情况，灵活调整屏幕方向，以更好地满足用户的需求。

　　7）麦克风、扬声器

　　点击麦克风、扬声器图标，可以选择音频的输入、输出来源和音量。

　　比如，点击麦克风图标的拓展箭头，找到与麦克风相关的设置，代理人可以选择自己希望使用的麦克风设备。同时，代理人也可以在设置中选择诸如噪声抑制、回声消除等功能，对麦克风的音量和灵敏度进行调整，以提升直播的音质和用户的收听体验，确保声音能够清晰、准确地被捕捉和传输。

　　（三）第三方推流直播

　　第三方推流直播是对账号、设备和网络条件要求最高的一种直播方式。这种直播方式可以通过电脑获取镜头的实时画面，通过麦克风进行声音采集，并在直播画面中增加背景、贴图等活动信息。相比于其他直播方式，第三方推流直播更专业、更高清，功能更强，玩法更多。

账号获得平台认证后，代理人就可以在视频号后台提交第三方推流申请。通常使用 OBS Studio 软件进行第三方推流直播。它是一个免费的、公开的视频录制和视频实时交流软件，提供许多功能来满足代理人在直播和录制方面的需求。

以下是 OBS Studio 的一些主要功能和组件。

（1）视频录制。OBS Studio 支持录制高质量的视频，有录制全屏、窗口或指定区域多种选择。它还支持多种视频格式和编码选项，代理人可以根据需求进行调整。

（2）音频录制。除了视频录制外，OBS Studio 还支持录制高质量的音频，包括麦克风输入、系统声音等。它还有音频混合功能，可以将不同的音频源进行组合，产生更好的音质效果。

（3）直播推流。OBS Studio 支持将录制的内容实时地传输到各大直播平台，比如 Twitch、YouTube 等。通过直播推流功能，代理人可以将自己的生活、工作等内容实时分享给其他人。

（4）场景转换。OBS Studio 提供了场景转换功能，可以让代理人在不同的场景之间进行无缝切换。代理人可以在不同的视频源之间自由切换，比如从摄像头切换到桌面。

（5）滤镜和音效。OBS Studio 支持添加滤镜和音效来增强录制内容的视觉和听觉效果。代理人可以使用内置的滤镜和音效，也可以使用第三方插件来扩展功能。

（6）录制和直播质量设置。OBS Studio 提供了详细的录制和直播质量设置，代理人可以根据自己的需求进行调整。这些设置包括分辨率、帧率、比特率等，可以确保录制和直播的内容质量达到最佳。

（7）多平台兼容。OBS Studio 支持在多个平台上使用，包括 Windows、Mac OS X 和 Linux 等。用户可以在不同的操作系统上使用该软件进行录制和直播。

在视频号平台使用 OBS Studio 推流的具体操作步骤如下。

1.添加素材

作为保险类 IP 博主，代理人一般使用的功能较为简单，主要包括添加场景、画面源等素材。打开 OBS Studio 软件后，代理人可以在页面左侧添加相应来源。

视频采集设备指的是摄像头，使用 OBS Studio 时通常需要外接摄像头以保证画面的清晰度。显示器采集可以捕获投屏的画面。代理人在采用教程类方式直播时，需要采集显示器中的画面，此时则可以使用显示器采集功能。图像指的是在输出画面中固定的图片，比如画面中需要的背景图、标题框、商品展示贴片等。媒体源指的是视频文件。在实践中，代理人可以根据实际的需求选择画面来源，添加进直播界面。

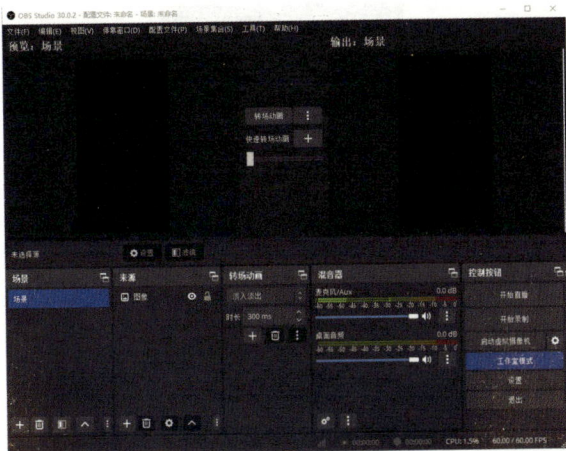

2. 编辑内容

素材添加完成后，在右侧控件处选择"工作室模式"。在这种模式下，代理人可以对左侧画面进行编辑、预览。

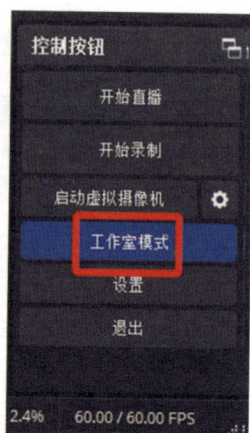

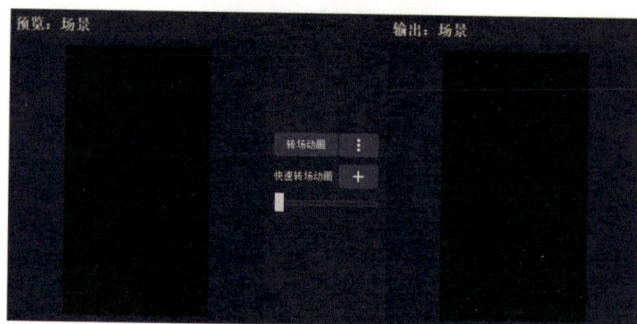

　　编辑完成后，点击"转场动画"，即可将预览的直播画面推送到输出窗口，这就是用户可以在直播间看到的编辑后的实时画面。

3. 创建直播

　　在电脑上登录视频号助手，点击"直播管理"，填写好所需的直播配置。点击"创建"，即可创建直播，并获取推流地址和密钥。

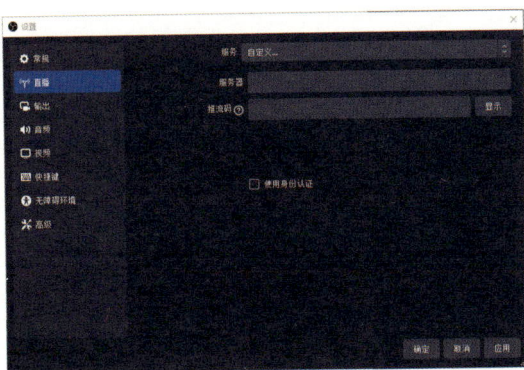

4. 开始直播推流

编辑完直播所需的内容后，在右侧控件处选择"开始推流"，即可将视频推送到之前设置好的推流地址。如果 OBS Studio 软件下方的绿灯常亮，没有出现丢帧，并且视频号助手上同步显示出 OBS Studio 软件推流的画面，则表示推流成功。随后，回到视频号助手，点击"开始直播"，即可正式开始直播，用户就可以在视频号的直播间看到实时画面。

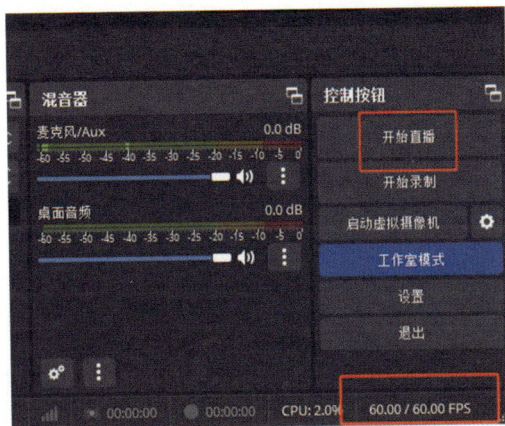

第三节 ｜ 直播的三大技巧

一、运营技巧：打造高人气直播间

直播要想获得良好的效果，一定离不开运营技巧。接下来，我们讲一下代理人应该如何运营直播。

（一）直播运营的"四点"方法论

直播运营的对象是目标用户群体，是形形色色的人。因此，代理人要设身处地地站在用户的立场上思考问题，深入了解用户的现状及心理，挖掘用户真正的需求。具体来说，代理人要在当下的"热点"话题里，找到用户的"痛点"，挠到用户的"痒点"，触达用户的"爽点"。

（二）直播规划

直播一定要有规划，其好处如下。

（1）保证直播的专业性和质量。通过提前规划直播内容，代理人可以确保直播内容的专业性和质量。代理人可以仔细研究保险产品的特点、优势和保障范围，以及潜在客户的需求和疑虑，从而制作更加精准和有效的直播内容。这不仅可以提高直播的观看率和转化率，还可以增强用户对保险行业的信任感。

（2）提高直播的效率和效果。提前规划直播内容可以让代理人更好地掌握直播的节奏和流程，避免在直播中出现卡顿、冷场或跑题等尴尬情况。同时，由于直播内容已经提前规划好，所以代理人可以更加自信地面对镜头，与用户进行更加自然和流畅的互动，从而提高直播的效率和效果。

（3）增强与用户的互动性和黏性。通过提前规划直播内容，代理人可以设计更加有趣、实用和互动性强的环节，吸引用户的注意力并激发他们的兴趣。比如，代理人可以设计一些问答、抽奖活动或用户投票等互动环节，让用户更加积极地参与到直播中，从而增强与用户的互动性和黏性。

除了直播内容，直播频次和时长也需要规划。对于频次，建议1周至少固定直播1次；对于时长，建议每次直播2小时以上。直播间是有权重的，而直播间的权重很大程度上由直播的内容质量、场观和用户的停留时长决定。所谓场观，就是观看过直播的总人数。因此，直播的时间长一些，可以提升直播的场观和用户的停留时长等数据。

（三）和直播间的用户积极互动

代理人要想打造真正有人气的直播间，有价值的内容、有趣的表达、积极的互动三者缺一不可。因此，在直播时，代理人需要和直播间的用户积极互动。就像上课一样，能全神贯注地坚持听完 45 分钟课的学生是很少的，但如果老师经常点名提问、设置抢答，学生们的积极性就会被调动起来。

在直播的过程中，代理人与用户之间的互动至关重要，因为这不仅关系到直播的氛围是否活跃，还是影响用户黏性和购买决策的关键因素。因此，代理人在直播间与用户互动时，需要特别关注以下四种场景，以确保直播顺利进行和提升用户体验的满意度。

1. 开场

在直播刚开始时，代理人可以通过开场互动让用户了解本场直播的主题、内容和福利等，使预约用户和其他用户对直播内容产生兴趣并停留，并引导他们分享。

2. 欢迎

当新用户进入直播间时，代理人要迅速并热情地欢迎他们，比如说一句简单的"欢迎来到直播间"。代理人还可以通过点名的方式，让用户感受到被重视和关注。特别是在直播间用户数量相对较少的时候，这种个性化的欢迎方式更能提升用户的归属感和参与感。

3. 礼物

当用户通过"刷礼物"的方式表达对代理人的支持和喜爱时，代理人应该及时并大声地读出他们的名字，对他们的支持表示感谢。对那些经常给予自己支持的忠实用户，代理人更应该通过特别的回馈方式，比如赠送小礼品、提供专属优惠等，来表达自己的感激之情，进一步拉近与他们的关系。

4. 评论

在直播的过程中，代理人难免会遇到用户提问或评论。对于这些评论，代理人要保持高度的敏感性和判断力。对那些积极、正面的评论，代理人可以选择"上墙"，即将其展示在直播间的公共区域，以鼓励更多的用户参与互动。同时，对那些愿意与自己互动、提出问题的用户，代理人也要及时、耐心地给予回复和解答，以展现自己的专业素养和服务态度。

（四）引导直播间的用户做任务

在直播的过程中，虽然有些用户会自发地评论、"刷礼物"，但绝大部分用户是需要代理人引导和鼓励的。代理人可以参考以下三种引导和鼓励用户的方式，并针对每一种方式准备专门的话术。

1. 引导点赞

引导点赞既是为了给其他用户看，也是为了给系统看。比如，"感谢大家点亮了小心心，每一个赞都是对我的支持和鼓励""新来的朋友们，如果你们觉得不错，别忘了点个赞哦""点赞到 ××× 数，我就为大家准备一个小惊喜，大家快来助力吧"。引导用户多点赞，可以提升直播间的权重。

2. 引导发言

我们经常会在直播间看到"666"刷屏，这是典型"视觉锤"方法的应用。视觉锤指的是通过强烈的视觉元素来迅速吸引人们的注意力，并给其留下深刻印象。在一场直播中，代理人可以设置多个发言口令，比如"要的请刷 1""好的请刷 666"等。

3. 引导提问

引导提问有两种方式：一种方式是引导用户提问，代理人来解答；另一种方式是代理人自己提问，引导用户解答。因此，代理人在直播前需要准备一些通用的问题，以便在直播中根据节奏进行提问。

（五）直播间玩法

直播间玩法是直播运营的重要一环，可以帮助代理人更有效地和用户进行一些有趣的互动，从而进一步激发用户对直播的兴趣，让用户长时间停留并产生咨询兴趣。

1. 发红包

在直播间，代理人可以发指定群红包到微信群，之后群内会有红包提醒，注意到的群友点击红包提醒就会进入直播间。目前，直播间最多可以给 20 个微信群发红包，一个群有 500 人的话，最多可以触达 1 万人。所以，社群对代理人来说很重要。

2. 福袋抽奖

福袋抽奖是一个很好的运营技巧。福袋抽奖可以设置不同的门槛，包括任意评论、指定评论、关注主播、加入粉丝团等。

对于开场的第一个福袋，代理人可以将门槛设置为指定评论，比如用户点赞转发直播间才可以抽奖。这样能够快速暖场，刺激直播间的互动量。

在直播间有了一定的人气后，代理人可以发起第二个福袋，并将门槛设置为关注主播。如果用户想要抽奖，就必须关注代理人的账号。这样可以快速增加代理人的关注人数。

在直播的中后期，当直播间已经聚集了一定的用户，并且互动氛围达到一定的高度时，代理人可以发放第三个福袋，并将门槛设置为加入粉丝团。因为这时用户对直播的参与度较高，对加入粉丝团产生兴趣的可能性会较大。在这个阶段发放加入粉丝团的福袋，可以进一步激发用户的参与热情，促使他们更积极地参与直播活动。

3. 粉丝团

粉丝团是评估用户的支持程度的关键指标，而粉丝牌等级表示用户的忠诚度和积极参与度。随着时间的推移，粉丝团可能会成为决定直播间用户数量的核心要素。粉丝数量越多，未来可能吸引的用户就会越多。因此，代理人在直播时，应该将粉丝团的建设视为至关重要的任务。

（六）直播间经营的三大秘诀

1. 人

所谓"人"，就是代理人在直播时的整体风格。代理人要提前设计保险 IP 的用户名和头像等，进行形象建设，向用户传递关于 IP 的信息。此外，保险 IP 还需要具备鲜明的特色。

保险 IP 主要有以下四类风格：

（1）接地气风格，如"小越越"；

（2）专家风格，如"精算师 Alex"；

（3）"邻家妹妹"风格，如"保瓶儿"；

（4）幽默逗趣风格，如"李梅梅爱科普"。

2. 货

所谓"货"，就是代理人准备的直播内容。代理人既可以选择大众化的内容，也可以紧跟热点，从当下的热门话题切入，引发用户的共鸣。当然，代理人还可以分享自己的专业知识，比如主流险种知识或时下热门的险种知识。

除了和直播流程相关的话术外，代理人还需要提前准备产品资料，比如保险配置方案、险种注意事项、医保和社保的资料、理赔资料等。代理人也可以分享自己买过的保单。

3. 场

所谓"场"，就是直播的代入感。代理人在直播时应该做到言语专业清晰、语调平稳，尽可能降低应答的延迟性，以保证互动的时效性。此外，场景布置也尤为重要。如果是实景，那么场景需要和人设保持一致。

在直播时，建议代理人准备一块白板记录关键信息。这样的话，用户会认为代理人很专业，并且能清楚地知道代理人在讲什么，以及直播的主题。此外，有数据表明，在直播间增设白板能明显地增加用户的停留时长，其中超过50%的用户会停留5秒以上。之所以会这样，是因为用户在进入直播间后，看到白板上的关键信息，会下意识地把它们读完，等用户读完后，他们已经在直播间停留了一段时间，并且听主播讲了几句话。

代理人的心态也很重要，因为心态会直接影响直播气场。很多代理人在刚开始直播时容易紧张，这是因为他们迫切地想让用户听到自己的观点或说服用户，以快速地成交变现。然而，在直播初期，直播间的用户通常寥寥无几，成交变现更是难上加难。所以，代理人这种急于求成的心理反而是在给自己施加压力。代理人不妨转变一下心态。以前，你可能会这样认为："没人来看我的直播，我很失败。"现在，你可以这样想："没看我的直播是你的损失。"之后，你会发现一切都变得好起来。

二、引流技巧：汇聚庞大流量

（一）流量来源

要想提升直播间的场观，代理人要明白，直播的流量从哪里来。视频号直播的流量来源有很多，比较重要的有以下几个。

（1）直播广场。类似于一个公共的直播平台，用户可以在这里浏览到正在进行的各种直播，点击即可进入自己感兴趣的直播间。

（2）关注列表。用户关注的账号开播时，其直播信息会出现在关注列表中，这是粉丝回到直播间的重要路径。

（3）好友列表。如果用户的好友正在直播，那么该直播信息会出现在好友列表中，这有助于增加直播的曝光度和互动性。

（4）推荐列表。根据用户的观看历史、兴趣偏好等，系统会推荐相应的直播间，这是吸引新用户的重要途径。

（5）分享入口（朋友圈、社群）。用户可以将直播分享到朋友圈或社群，通过社交网络的传播，吸引更多潜在用户。

（6）服务通知（直播预约）。如果用户预约了某场直播，在开播后系统会自动发送服务通知提醒用户，确保用户不会错过直播。

（7）短视频入口。短视频与直播是联通的，用户可以通过观看短视频进入直播间，这有助于增加直播的曝光度。

（8）公众号入口。公众号作为重要的内容分发平台，其菜单栏或文章中可以嵌入直播入口，为直播间导入更多流量。

在以上的流量来源中，分享入口和服务通知是最重要的两个，分别对应私域分享和直播预约。接下来，我们重点讲一下直播预约。

（二）直播预约

直播预约是直播非常重要的一环，也是直播前必须要做的一个步骤。直播预约数是代理人最关注的数据，因为直播间会进来多少人，很大程度上是由这一数据决定的。

在直播开始后，预约了直播的用户会收到微信的"强提醒"弹窗，基本上没有比这更强的触达了。通过预约进入直播间的用户，基本上都有一定的信任基础。因此，相对于公域用户而言，他们的停留时长、转化率等数据会更好。总之，直播预约保证了直播间前期的用户人数，决定了场观的基础量。

视频号和公众号主页、短视频、公众号文章等都可以插入直播预告的链接。下图是在视频号添加直播预告的步骤。具体来说，就是在直播间的右下方依次点击"更多"—"链接"—"添加"—"直播预告"—"推送"，即可完成直播预告。

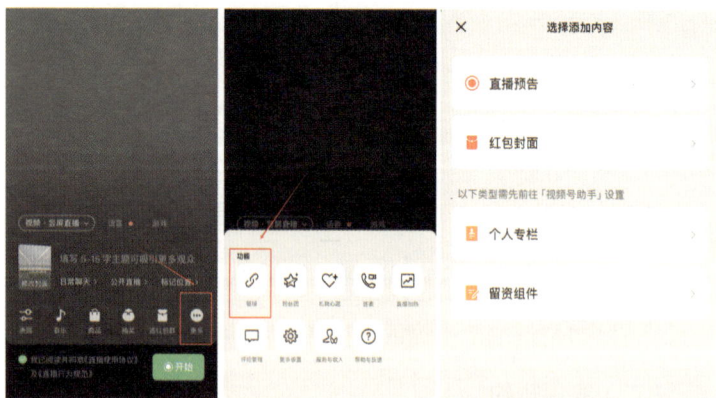

此外，代理人也可以拍摄一个与直播主题相关的预告视频，以方便用户在短视频页面直接预约直播。

（三）如何推送直播预约

推送直播预约的渠道主要包括社群、朋友圈、一对一私信等。代理人可以通过转发预热海报、短视频和公众号文章覆盖这些渠道。

如果想让更多的人预约直播，代理人一定要认真地制作预热海报。之后，代理人需要将包含视频号二维码的预热海报分享到社群、朋友圈等，甚至需要一对一私信，以吸引用户扫码预约直播。这些工作将直接影响直播预约的人数。

除了视频号二维码，海报上最好直接呈现直播标题、直播时间、个人形象、直播主题等内容，这样有利于用户快速了解直播信息。需要注意的是，标题一定要醒目，保证用户在不点开海报的情况下也能对直播有个大概了解。

此外，在一场直播结束之前，代理人一定要做好下一场直播的预告，最大化地利用本场直播的流量。

三、转化技巧：引入私域，成交变现

代理人做直播的最终目的，一定是实现转化，因此转化是直播中非常重要的一环。在直播有了一些场观后，代理人就需要考虑如何进行转化了。

（一）公域转私域

由于保险类产品很难在直播间成交，所以代理人需要尽量将直播的流量引到私域——既可以是自己运营的社群，也可以是个人微信。

　　除了在直播间引导外，代理人还可以设置一些"钩子"，以吸引用户主动进入自己的私域。比如，在直播前，代理人可以准备一些对目标用户有吸引力的资料。如果用户想要获得这些资料，就会在直播时或结束后主动进入代理人的私域。

　　直播笔记也是一个很好的"钩子"。在直播前，代理人可以将每场直播的重点内容整理成直播笔记，并在直播时引导想要直播笔记的用户添加微信号或扫码进群。当然，将用户引入私域只是第一步，更重要的是后面的运营。

　　企业微信也是一个很好的转化渠道。将企业微信和直播间进行关联之后，企业微信号就会出现在直播间的屏幕下方。在直播时，代理人只需说一句引导语，比如"请添加我的企业微信号"，就可以很容易地吸引用户进入私域。

（二）转化的三个要点

1. 了解流量

　　每个平台都有自己的算法，掌握算法有利于掌握引流秘诀。直播和短视频的流量机制是不一样的，监管力度、规则和玩法、受限词语、主题等也都存在差异。所以，在开始直播前，代理人有必要了解各平台的算法和规则，这将直接影响直播的流量和效果。

2.掌握运营

（1）有人设。一个独特、优质的人设能增强用户对直播的记忆，增加用户的黏性，进而成功地"吸粉"。比如，抖音上有些著名的保险大V，总是在直播中犀利、独到地分析和解读保险产品，其直言不讳的人设帮助他们吸引了一大批忠实的粉丝。

（2）有态度。虽然代理人和用户们隔着屏幕，但真诚的态度是无法被阻挡的。代理人不要只关心自己的销售业绩，而要真诚地分享内容，培养用户的信任。只有利他的内容才能源源不断地吸引用户停留。

（3）善沟通。就直播来说，有一个善于沟通、"双商"（情商和智商）高的主播是极为重要的。如何把专业的内容

说得有趣，让"小白"也能听得懂，是每个成功的主播必备的技能。在直播刚起步的阶段，如果代理人无法控制或改变自己说话的方式，则可以让团队里不懂保险的人提问，并与其进行互动。这样既可以增加直播的互动性和趣味性，也可以高效地介绍普通用户想听但听不懂的保险知识。

（4）不要急于求成。代理人在直播时既不要紧追用户，也不要"道德绑架"用户，更不要诱骗用户，而要引导用户，让他们认识到自己真实的需求，进而主动咨询。

3.获得客户信任

（1）弱化销售性。代理人在直播时，不要把保费 KPI 看得太重，切忌在用户咨询产品时急功近利。否则，很容易让用户觉得代理人不真诚，进而降低对代理人的信任。

（2）内容利他性强。代理人在直播时，应该输出中立、利他的内容，有针对性地分析和解读保险产品，适当地讲解保险产品的缺点，而不是只站在代理人的角度，一味地输出对自己有利的内容。一个适用的小技巧是，代理人可以分享自己的保单，不论是小公司的还是大公司的，都可以展示，这样更有说服力。

第四节　｜　直播复盘，迭代升级

没有复盘的直播只是在碰运气。通过复盘，代理人可以找出问题、分析问题和解决问题，进而优化直播方案，快速地迭代升级。

那么，直播复盘要从哪里切入呢？答案是数据。数据是对直播表现最客观的反映，也是来自用户的最真实的反馈。接下来，我们将系统介绍如何通过数据进行直播复盘。

一、直播复盘的关键数据

每次直播结束后，系统会自动跳出来一个直播数据页面，上面会显示以下六个关键的数据指标。

（1）观众总数。观众总数，是指在直播过程中进入直播间的观众数量总和，也称"场观"。观众总数可以实时反映直播间的人气和受欢迎程度，是衡量直播效果的重要指标之一。观众总数高，意味着直播内容吸引了大量观众，有助于提升代理人的知名度和影响力，并带来更多的变现机会和可能性。

（2）最高在线。最高在线，是指在直播过程中同时在线观看直播的观众数量的峰值。它可以反映直播的吸引力，以及在某一特定时间点的观众参与度。最高在线是一个重要的参考数据，可以帮助代理人了解直播的人气，以及哪些内容或环节最能吸引观众。此外，代理人通过分析自己在最高在线这一节点做了哪些动作，可以进一步指导和完善以后的直播。

（3）平均观看。平均观看，是指在直播过程中平均每个观众观看直播的时长。平均观看可以反映直播内容的吸引力和观众的留存率，时间越长，表示直播的内容越有吸引力，用户黏性越高。因此，平均观看不仅有助于指导代理人提升影响力和商业价值，也是代理人优化直播内容和形式的重要参考。

（4）喝彩次数。喝彩次数，是指在直播过程中观众对直播内容的点赞或正面反馈的次数。喝彩次数是衡量直播互动性和观众满意度的重要指标。喝彩次数高，意味着直播内容深受观众喜爱，能够引发观众的共鸣和积极反馈。

（5）新增关注。新增关注，是指在直播过程中新增加的关注主播的观众数量。这些观众通常对直播内容感兴趣，希望在未来继续观看主播的直播。新增关注是评估直播吸引力和粉丝黏性的重要指标。新增关注数量的增加，意味着直播内容吸引了较多潜在粉丝，有助于代理人扩大粉丝基础，提升直播的可持续性和商业价值。

（6）总热度。总热度，是指在直播过程中观众送的粉丝灯牌等所有礼物的总和。总热度可以帮助代理人全面了解直播效果，发现直播中的优点和不足，从而调整直播策略和内容。总热度高，意味着代理人在多个方面表现出色，有助于提升代理人的声誉和影响力，吸引更多商业合作和机会。

如果代理人想要获取更详细的数据，可以在电脑端登录视频号助手，依次点击左侧栏的"数据中心"—"直播数据"—"单场数据"—"数据详情"。

"数据详情"提供了六个维度的数据。

（1）基础数据：显示观众数量、访问次数和使用时长，反映产品的受欢迎程度和观众的活跃程度。

（2）互动数据：显示观众点击、评论、分享等互动行为，揭示观众的兴趣和偏好。

（3）送礼数据：显示观众的送礼次数、礼物的种类和价值，有助于了解、分析观众的消费水平。

（4）电商数据：显示销售额、订单量和退货率，反映产品的销售情况和市场趋势。

（5）送礼详细数据：显示送礼时间、送礼者等详细信息，有助于深入了解观众的送礼习惯。

（6）带货数据：显示直播或社交媒体上的购买转化率，有助于优化带货策略。

直播预约人数没有展示在"数据详情"里，可以在"直播管理"下的"直播预告"中找到。

直播有众多的数据指标，但代理人不需要对每个数据指标都进行详细分析。这些数据指标可以分为三类：直播前运营影响的、直播中可以掌控的、受内容和代理人的表现力影响的数据指标。

代理人需要重点关注的是直播中可以掌控的数据指标：新增关注数、私域新增数、粉丝团新增数和观众评论率。因为相比于其他数据指标，这些数据指标更容易控制。只要代理人在直播中多做引导，这些数据指标就能很容易地得到提升。而最高在线、平均观看、观众分享率和观众送礼率等数据指标，更多地受内容质量和代理人的表现力影响。代理人只有长期锻炼、不断提升自己的综合能力，才能提升这些数据指标。

二、三个维度分析直播数据

代理人可以从目标回顾、单场分析、横向对比这三个维度来分析数据。简单地说，就是跟目标比、跟自己比、跟往期比。

1.跟目标比

在直播开始前，代理人需要给每场直播设置一个目标，且目标要能用一些关键的数据指标进行量化。在直播结束后，代理人需要比较实际数据指标和目标数据指标之间的差距。

在刚开始时，代理人设置的目标可能会不太准确，但随着代理人的直播经验越来越丰富，设置的目标也会越来越准确，这需要一个过程。当然，发现差距不是重点，重点是找出其中的原因，这就需要跟自己比和跟往期比。

2.跟自己比

跟自己比是一种自我反思和持续改进的策略，强调个人或团队在未达到预期目标时，要对自己过去和现在的表现进行深入分析，以找出问题所在并寻求改进的方法。经过反复数次的迭代和优化之后，代理人会积累丰富的经验和知识，从而能够更准确地识别问题并制定出更有效的解决方案。

假如粉丝团新增人数没有达到目标，代理人就要反思自己引导的方式是否正确，引导的次数是否足够，引导的时机是否恰当。如果原因是代理人在引导的时候，在线人数已经不多了，那么在下次直播时，代理人就应该在在线人数快速增加的时候进行引导，把用户留住。此外，代理人也可以在下次直播时尝试新方法。经过反复数次的迭代和优化之后，代理人就能找出更有效的方法。

3.跟往期比

如下表所示，跟往期比需要代理人把每场直播的数据汇总在一起，进行横向对比。这样，代理人可以清楚地看到每个数据指标的变化，然后深挖原因，以帮助自己总结和迭代直播技巧。

数据汇总表

直播日期	直播主题	直播类型	开播前直播约预	观看人数	观看次数	最高在线	平均观看时长	点赞次数	评论次数	互动率	分享次数	分享率
2022-04-24	聊聊视频号的创业机会	单人	118	1256	2028	175	16分钟35秒	28772	714	56.8%	208	16.6%
2022-04-29	教你打造自己的首个爆款短视频	单人	189	722	1153	127	19分钟7秒	12521	376	52.1%	202	28.0%
2022-05-06	如何跟中年焦虑说再见	连麦	120	621	1033	95	16分钟42秒	12682	239	38.5%	94	15.1%
2022-05-12	聊聊线上经营与获客	连麦	118	966	1522	219	8分钟16秒	11302	335	34.7%	68	7.0%
2022-05-13	大类资产配置专题	场景	116	1038	1916	93	21分钟29秒	10000	295	28.4%	173	16.7%
2022-05-14	保险业天龙八部	场景	42	449	767	114	35分钟45秒	10073	158	35.2%	92	20.5%
2022-05-18	后疫情时代，如何破解增员难题？	连麦	171	588	1207	82	18分钟10秒	7380	681	115.8%	63	10.7%
2022-05-19	深度解读行业现象，寻找破局之路	连麦	102	732	1443	121	17分钟19秒	14778	406	55.5%	68	9.3%
2022-05-25	指路，保险销售的未来在哪里	连麦	216	537	1085	78	23分钟46秒	5927	466	66.8%	64	15.6%
2022-05-27	2000人的明星团队是如何炼成的？	连麦	118	727	1289	111	22分钟55秒	7366	360	49.5%	117	16.1%
2022-05-31	借力IP打造实现业务飞升的秘密	连麦	43	757	1422	183	11分钟30秒	10461	379	50.1%	101	13.3%
2022-06-02	个人IP如何借力直播实现破局增长	连麦	122	614	1054	256	9分钟29秒	7677	246	40.1%	52	8.5%
2022-06-06	我的私域方法论	连麦	255	1252	2278	497	14分钟42秒	18870	1246	99.5%	156	12.5%
2022-06-08	借力线上获客和财富规划实现华丽转型	连麦	246	860	1514	307	7分钟36秒	10767	409	47.6%	87	10.1%
2022-06-10	行业转型，大分化时期如何提升经营中高端客户能力	连麦	189	781	1377	288	10分钟54秒	14283	556	71.2%	86	11.0%

很多时候，只看数据很难发现真正的问题，所以代理人也可以观看直播回放来分析原因。在电脑端登录视频号助手，依次点击左侧栏的"直播数据"—"单场数据"—"直播回放"，就可以查看直播回放。

后台的数据图的横轴表示时间。如果代理人发现曲线在某个时间点陡升或陡降，就可以仔细观看这个时间点的直播回放，找出数据指标突变的原因。比如，在下图所示的这场直播中，在 15 点 38 分时，点赞量曲线有一个快速上升的趋势。在观看这个时间点的直播回放后发现，原来当时主播做了一些点赞的引导。

点赞量曲线

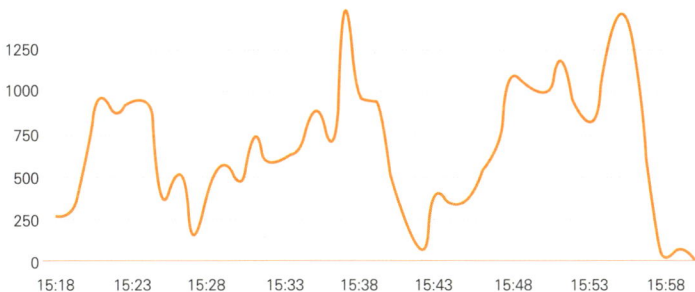

整体趋势丨渠道流量分析⑦

▌点赞次数　▌点赞次数
2.9万　　　47
+13.42%　　−9.62%

如下图所示，在 15 点 28 分时，新增关注人数明显上升。在观看直播回放后发现，这个时间点是在线人数的高峰期，而且用户必须关注后才能抽奖，因此新增关注人数增加了很多。

新增关注人数曲线

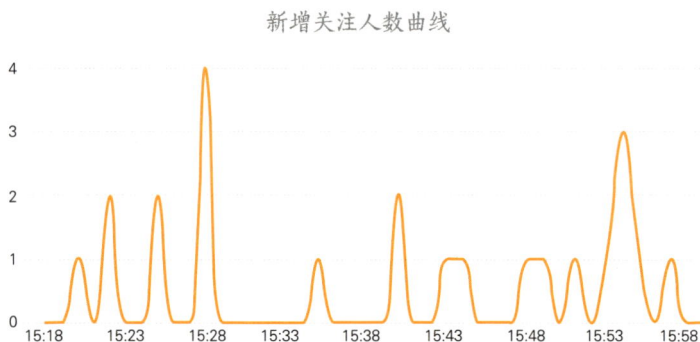

此外，上述方法还可以用来分析直播内容的质量。比如，在线人数多、打赏多的时间点表明该时间点用户的反馈好，也就意味着该时间点代理人讲的内容是受欢迎的。代理人可以将该时间点讲的内容，作为以后直播内容的参考。

总之，就目前的视频号直播来说，最核心的竞争力是代理人的自我迭代能力。直播的每一分钟、每一小时，都是在实战演练，代理人千万不要轻易放过。通过分析系统数据和观看直播回放，代理人可以不断地积累直播经验、总结直播技巧，并在接下来的直播中应用这些经验和技巧，进而快速地提升自我迭代能力，获取更好的直播效果。

第四章

微信朋友圈与公众号：让个人IP更加立体

凡星学院 | 保险IP特训营

凡星学院

第一节 | 微信朋友圈：代理人的 2.0 名片

一、微信朋友圈经营的"三性"原则

如果说纸质名片是代理人的 1.0 名片，那么微信朋友圈就是代理人的 2.0 名片，短视频就是代理人的 3.0 名片。代理人要想展示好这张 2.0 名片，就需要想清楚一个问题：假如你是客户，你想找什么样的代理人买保险？只有想清楚了这个问题，代理人才能知道向客户呈现什么样的微信朋友圈。

一般而言，客户倾向于找专业、靠谱、诚信、形象好、气质佳、资源丰富的代理人买保险。因此，代理人要通过微信朋友圈，把这些特质展示给客户。

朋友圈由"朋友"和"圈"两部分组成。首先，代理人在朋友圈展示内容时，要考虑其社交属性，因为相关内容是要展示给"朋友"看的。其次，"圈"就是"圈子"，处在一个共同"圈子"里的人，更容易产生信任，建立链接。

$$朋友圈 = "朋友" + "圈"$$

那么，在我们身边，什么样的人才会被称为"朋友"呢？大概有以下三种类型。

（1）第一种类型：可以满足人性上的一些需求，比如满足"八卦"欲或猎奇欲。

（2）第二种类型：可以满足一些实际需求，比如，你今天要去做的事情，对方能够帮到你。

（3）第三种类型：有共同的兴趣爱好，比如，你喜欢健身，可能想找一群喜欢健身的人做朋友。

微信朋友圈有助于最大化地展现人们的共同经历和兴趣。因此，代理人要尽可能地在微信朋友圈里展示自己有什么、对什么感兴趣、喜欢什么样的人，以及有什么样的观点。只有这样，代理人才能在微信朋友圈里找到自己想要的"同类"，也就是"圈"。代理人无法照顾到微信朋友圈里的每个人，但可以找到自己想要的"圈"，之后再慢慢地做精细化运营和服务。

对代理人来说，一个好的微信朋友圈应该具备以下三个属性。

（1）功能属性。代理人的微信朋友圈应当成为一个解决问题和提供帮助的平台。通过发布与保险相关的知识、经验和实用建议，代理人不仅能够展示自己的专业度，还能够为客户和准客户提供切实的帮助。这样的微信朋友圈不仅能够吸引目标群体的关注，还能够建立起一种信任感，为未来的业务合作打下坚实的基础。

（2）关系属性。如果客户、准客户在看了代理人的微信朋友圈后，觉得代理人只是一个保险销售人员，那么他们不仅不会把代理人当作朋友，还可能会把代理人屏蔽掉。只有客户、准客户把代理人当作他们的一个做保险的朋友，他们才不会忽略代理人的微信朋友圈。

（3）性格属性。通过微信朋友圈，客户或准客户可以了解到代理人的性格、爱好和价值观。代理人可以通过发布自己的观点、感悟、经历等，展示出一个真实、立体、有温度的形象。这样的微信朋友圈不仅能够吸引志同道合的朋友，还能够增强客户或准客户对代理人的好感度和信任度。

二、发这些内容，客户更爱看

1. 与保险相关的内容

虽然代理人经营微信朋友圈是为了卖保险，但不宜在微信朋友圈中发布太多与保险相关的内容。通常来说，与保险相关的内容占比 30%~50% 即可，可以通过文字或转发文章的形式展现。

此外，代理人也可以使用获客工具。比如，利用文案生成器和内容模板构思有吸引力的标题、正文和结尾，快速创建高质量的朋友圈文案，以提高文案的点击率和转化率；使用图片编辑软件等，为产品介绍、保险知识等内容添加美观的图片和视频，可以更好地吸引客户的注意力，增加内容的趣味性。

通过获客工具，代理人不仅可以清晰地看到他人的阅读痕迹，还可以根据阅读痕迹邀请对具体话题感兴趣的客户参与线下活动。举个例子。假如代理人准备举办一个和宝妈育儿相关的线下活动，就可以提前两个星期，使用获客工具在微信朋友圈发布一些诸如"妈妈应该怎样带孩子""怎样提升孩子的专注力""幼小衔接"之类的文章。虽然这些内容和保险没有太大的关系，但可以为后续的活动做铺垫，帮助代理人精准地获取准客户。

2. 儿童教育、生活感悟、美食分享

儿童教育、生活感悟、美食分享等内容，能够展现代理人作为家长、朋友、独立个体的多重社会角色，有助于代理人在微信朋友圈展现鲜明、有趣、丰富的个人形象。具体来说，分享儿童教育的经验和故事，可以凸显代理人的家庭责任感和教育理念；分享生活感悟能展示代理人的情感世界和人生哲学，激发他人的情感共鸣；分享美食则是一种轻松、愉悦的，能够拉近与微信好友距离的方式。

3. 互动问答、有奖竞猜、搞笑自嘲

这些内容具有很强的互动性，能够有效提升微信朋友圈的活跃度。具体来说，互动问答可以引发好友的思考和讨论，增进彼此的了解和交流；有奖竞猜能激发好友的兴趣和参与度，增加微信朋友圈的趣味性；适当的搞笑自嘲则能展示代理人的幽默感，增加其人格魅力。

4. 时事热点

除了上述内容，代理人还可以在微信朋友圈发一些时事热点。如今，社交 App 是人们获取信息的主要渠道，代理人可以通过分享时事热点来展示自己的眼界。转发和评论一些与保险、金融或社会热点相关的文章和观点，不仅能够为好友提供有价值的信息，还能展现代理人在这些领域的专业性和敏锐度。

5. 自己的优秀和努力

当然，代理人也需要让他人看到自己的优秀和努力。在微信朋友圈中，代理人可以发深夜加班、参加培训、大热天跑业务、获得表彰、获得各种奖项等内容。这些内容能够展现代理人的职业精神和进取心，增加他人对其专业能力和靠谱形象的认可。

三、代理人微信朋友圈内容的四个禁忌

虽然微信朋友圈是代理人展示个人形象和专业能力的重要平台，但并非所有内容都适合在此展示。代理人最好不要在微信朋友圈发布以下内容。

1.“踩”对手或诋毁同业

代理人应避免在微信朋友圈中发布贬低或攻击竞争对手的内容，比如，×× 保险公司的产品不好。这不仅会显得代理人不够专业，还可能引起他人的反感。保险行业是一个充

满竞争但同时也强调合作与共赢的领域，代理人应该通过提升自身能力和服务质量来赢得客户，而不能采用诋毁他人的方式。

2. 恐吓，贩卖焦虑，无底线营销

比如，过度描述没有买保险会有多惨。这种做法不仅可能引起潜在客户的反感，还可能损害代理人的专业形象。代理人应该通过提供客观、准确、有用的保险信息来与客户建立信任，而不是通过制造恐慌来推动销售。

3. "刷屏"的保险广告

代理人是一个有血有肉的人，只是选择了保险销售这份工作，而不是一台销售机器。虽然宣传保险产品和服务是代理人的职责之一，但过度发布广告内容可能导致其微信朋友圈变得单调乏味，甚至引起他人的反感。代理人应该控制发布广告的频率和数量，确保内容的质量和多样性，避免给微信朋友圈好友带来困扰。

4. 不符合主流情绪的营销

在某些特殊情况下，比如在某重大事故发生后，代理人应该避免发布与事故直接相关的营销内容。否则，可能会被视为对事故受害者的不尊重或消费死者，容易引发争议和负面情绪。代理人应该保持敏感和同理心，尊重他人的感受，避免在不适宜的时机进行营销。

四、微信朋友圈经营的四个阶段

微信朋友圈经营可以分为四个阶段：新人阶段、业绩突破阶段、带团队阶段和遇到困难阶段。在不同的阶段，代理人应该在微信朋友圈展现不同的内容。

1. 新人阶段

代理人在初入保险行业时，通常对产品和市场了解不深，缺乏客户资源和销售经验。很多代理人虽然积极性很高，但可能面临如何开始自己的事业、如何吸引客户等困惑。在这个阶段，展现良好的形象是代理人的微信朋友圈的内容重点。代理人可以参考以下三点。

（1）建立专业形象。发布关于保险知识、行业动态的内容，展现自己的专业度。

（2）互动学习。积极参与行业交流，向资深销售人员请教。

（3）建立信任。分享个人生活、工作日常，让客户感受到其真实可信。

也就是说，代理人要在微信朋友圈呈现一个靠谱、努力、好学、勤奋、真诚的形象。

2. 业绩突破阶段

在业绩有了一定的突破之后，代理人会拥有一些客户资源和销售经验，业绩开始稳步增长，自信心也会增强，进而逐渐形成自己独特的销售方法和策略。在这个阶段，代理人要在微信朋友圈展现自己过硬的专业素质，以获得更多的信任，积累更丰富的资源。

代理人可以在微信朋友圈分享成功案例，比如分享成功销售的案例和经验；也可以定期更新产品信息，及时发布新产品或优惠活动，增强客户的信心，吸引潜在客户；还可以利用微信朋友圈维持客户关系，比如通过节日祝福、生日问候等方式，加强与客户的情感联系。

3. 带团队阶段

在这个阶段，代理人已经具备一定的销售业绩和管理经验，需要协调团队内部关系，指导团队成员共同成长，这时就面临着如何激发团队潜力、提升整体业绩的挑战。这就需要代理人围绕个人品牌及团队品牌来经营微信朋友圈。

代理人要在微信朋友圈中突出展示与培训、领导力、个人品牌及团队品牌等相关的内容。具体来说，代理人可以通过组织团队活动，增强团队凝聚力；也可以定期与团队成员分享销售技巧、市场趋势等信息；还可以建立激励机制，激发团队成员的积极性和创造力。所有这些相关信息都可以在微信朋友圈中展示。

4. 遇到困难阶段

任何事业都不是一帆风顺的。在工作中，代理人可能会遭遇业绩出现下滑或停滞不前、客户流失、市场竞争加剧、团队成员士气低落等问题。此时，代理人要调整策略，提升能力，冷静分析问题的原因，寻找新的突破口。此外，代理人要保持乐观积极的心态，不要在微信朋友圈中抱怨。如果代理人经常发布乐观积极的内容，客户、准客户在看代理人的微信朋友圈时，会觉得自己在看一部励志成长剧，从而产生好奇、关注和共鸣。

总之，在不同的阶段，代理人要根据实际情况灵活调整策略和方法，不断学习和进步，以应对市场的变化和挑战。保持积极的心态，坚持不懈地去努力是成功的关键。

五、微信朋友圈经营的五大注意事项

1. 尽量不要用"渣图"

"一图胜千言"，高质量的图片可以迅速吸引人们的注意力。代理人在发布微信朋友圈时，应该选择清晰、美观的图片，避免使用模糊、低分辨率的"渣图"。精美的图片不仅可以提升内容的观感，还可以展现代理人的审美品位和专业性。

2. 观点要清晰

每个人都有自己的观点和立场，而在微信朋友圈中清晰地表达自己的观点是吸引同道中人的关键。无论是关于保险行业的见解、生活感悟，还是时事评论，代理人都应该独立思考，勇于表达自己的看法。通过分享自己的观点，代理人可以吸引那些与自己有相同或相似观点的人，并与其建立起更加紧密的联系。

3. 要有一些能引起共鸣的内容

发布能够引起他人共鸣的内容是建立情感连接的关键。代理人可以通过分享自己的真实经历、感悟或故事来触动他人的情感。这些内容可以是关于家庭、朋友、成长、奋斗等方面的，重点在于能够激发他人的共鸣和认同感。代理人也可以关注社会热点和时事，发表有深度的观点，吸引更多人的关注和讨论。

4. 要展示客户见证

如果只有代理人一个人说自己的产品好，显然是缺乏说服力的，因为这是"王婆卖瓜，自卖自夸"。很多时候，客户的一句话能抵得上代理人的十句话。因此，代理人要多搜集客户的评价，多挖掘客户与产品的故事。在取得客户的授权后，代理人要把这些客户见证"大肆"传播出去，让更多的潜在客户看到。

需要注意的是，客户见证一定要真实，不能胡编乱造。否则，谎言一旦被揭穿，代理人不仅会很难堪，还会失去很多人的信任，得不偿失。

5. 要有始有终

在微信朋友圈里，代理人要把一件事或一个活动打造成一部"连续剧"。这意味着不仅要让客户看到开头，还要让他们看到中间的发展以及最后的结尾。通过展示事件或活动的完整过程，代理人可以让客户更加投入和积极参与，增加他们的参与感和兴趣。同时，这也是一种负责任的表现，展示了代理人对自己发布的内容的认真态度。

第二节 ｜ 微信公众号：微信生态中的流量分发器

一、这个时代，还要做公众号吗

如今，虽然微信公众号不像视频号那样处于"红利期"，且创作门槛相对较高，要求运营者具备出色的谋篇布局能力来撰写长图文，但代理人依然要重视并精心运营公众号。之所以要这样，是因为公众号在微信生态中扮演着无可替代的角色。作为一个全面的流量分发器，公众号的影响力远超其他平台。

（1）公众号的引流能力十分强大。一篇精心撰写的公众号文章，可以轻松通过群聊、个人微信、企业微信、小程序、短视频等多种渠道进行传播，这种多样化的引流方式使得公众号在流量获取上更具优势。

（2）公众号是直播间吸引用户的关键工具。很多代理人在开设直播间时，常常会面临用户不足的问题。通过将直播预约嵌入公众号文章中，代理人可以吸引文章读者回流到直播间，增加直播间的用户数量。此外，公众号还提供了置顶提醒功能，可以在直播间开播时及时通知用户，进一步提高引流的效果。

（3）公众号与视频号的融合为代理人带来了更多的机遇。如今，公众号已将图文和视频两大栏目合并，用户在浏览公众号时，可以直接观看视频号的内容。未来，随着微信生态内自媒体账号的发展，图文、直播和视频将形成"三位一体"，为用户提供更加全面的、多维度的了解代理人的途径。

（4）代理人需要用公众号输出有深度的、专业性的内容。根据凡声科技内部的运营数据，相较于没有阅读过公众号的用户，阅读过公众号的用户的成交率更高，且客单价要高 3~4 倍。之所以会这样，是因为有专业深度的内容更容易让用户产生信任。公众号就像一个筛选器，可以自动筛选出具有更高购买意向和更高素质的用户。

（5）经营公众号的代理人更容易被用户认可。毕竟，写公众号文章对专业能力、语言表达等各方面素质的要求比较高，而用户倾向于相信具备良好的专业素质的代理人。

二、公众号文章就要这么写

代理人在刚开始着手做微信公众号时，对选题和内容往往会感到无从下手。建议代理人遵循两个原则。第一，做自己擅长的领域。每个人都有自己擅长的领域，代理人与其盲目地追逐热门话题，不如回归自己的专长和兴趣。第二，分享自己真实的想法。真实的想法和独特的视角是吸引用户的重要因素。代理人不要担心会遭遇批评或质疑，因为这正是交流和讨论的魅力所在。

以下是三种撰写公众号文章的方法，供大家参考。

（1）二次利用短视频内容。代理人可以修改之前录制的短视频的脚本，将其作为文章的正文，并把短视频插入文章中。对于重要的部分，代理人可以补充一些案例和数据来重点说明。在排完版之后，一篇具有深度的公众号文章就写好了。这种方法既省时省力，又可以二次传播短视频，一举两得。

（2）转载喜欢的公众号文章。在转载他人的公众号文章之前，代理人需要征得作者的同意。具体来说，代理人在看到想要转载的公众号文章后，可以直接联系作者，请求其开放文章的白名单权限。在获得了白名单权限之后，代理人就可以对相关文章进行修改、重新排版，进而转载。

（3）模仿同行写的公众号文章。模仿是一种有效的学习方法。在撰写公众号文章时，代理人可以尝试模仿同行的文章风格和结构，先分析同行的文章，了解他们的写作技巧和排版方式，然后将其应用到自己的文章中。需要注意的是，模仿不是抄袭。在模仿的基础上，代理人要结合自己的实际情况，创作出具有独特性的公众号文章。这样的话，代理人不仅能够提高自己的写作水平，还能够形成自己的风格和特色。

代理人在撰写公众号文章时，需要注意以下两点。

（1）不要追求完美。一些代理人在刚开始做公众号时，总认为自己的文章写得不够好，不敢分享。这种想法不仅会将代理人引入误区，还很浪费时间。写公众号文章不是参加作文竞赛，所以代理人没必要一定要写出"爆款"、优美的文章。只要文章的内容能让用户有所收获，代理人就可以发出来分享。

（2）重视排版。有的代理人写的文章很有深度，但排版一点也不美观，结果导致用户的阅读兴趣大幅下降。人是一种视觉生物，精美的排版可以给内容加分，让用户有更好的阅读体验。精心排版非常具有性价比，代理人不仅不会花费太多的时间和精力，还可以获得事半功倍的效果。

三、三招轻松提升公众号文章的质量

以上只是一些提升公众号文章质量的简单方法，要想更好地提升公众号文章的质量，代理人需要做好以下三个方面的工作。

（一）写好标题

写好公众号文章的标题是一门艺术，它需要在简洁、吸引人和与内容相关之间找到平衡。好标题是文章成功的一半，因为标题在很大程度上决定了文章的点开率。根据凡声科技内部的运营数据，标题写得好，文章的点开率可以达到 5%，甚至 10%；标题写得不好，文章的点开率可能不到 1%。

写出好标题是有技巧的。在写标题前，代理人要先问自己三个问题：第一，文章的目标读者是谁？第二，文章有哪些特别之处？第三，文章的哪一点最能吸引读者？考虑清楚这三个问题之后，写标题的思路就清晰了。

以下是一些写公众号标题的方法，供大家参考。

（1）引起兴趣。标题应该吸引用户的注意力，激发他们点击和阅读的欲望。代理人可以使用疑问句、吸引人的事实或引人发笑的"梗"来吸引用户。

（2）简洁明了。用户在浏览信息时，通常只用几秒钟的时间来决定是否点开文章。因此，标题应该简洁明了，避免使用冗长和复杂的句子。通常标题要在一句话内传达出文章的主要信息。

（3）与内容相关。标题应该准确地反映文章的内容。代理人不要使用与内容不符的标题来吸引人点击，否则只会让用户失望，并可能导致他们取消关注。

（4）使用关键词。在标题中使用关键词，可以帮助文章在搜索引擎中获取更高的排名。因此，代理人要确保标题中包含了说明文章主题的关键词。

（5）创造独特性。独特的标题更容易吸引用户的注意。

因此，代理人要尝试让标题与众不同，避免使用常见的、陈旧的短语。

（6）测试和优化。代理人可以尝试使用不同类型的标题，来测试哪种类型最能吸引用户。通过数据分析，代理人就可以了解哪种类型的标题最有效，进而优化写标题的策略。

（7）情感触发。一个能够引起用户共鸣或激发他们某种情感的标题，通常更能吸引他们点击和阅读。因此，代理人可以在标题中利用情感因素来吸引用户。

（8）提供价值。代理人要让用户觉得点击文章是有价值的。具体来说，代理人可以在标题中承诺为用户提供某种有价值的信息或见解。

（9）多看他人的标题。代理人在看他人的文章时要多反思。比如，为什么要点开这篇文章，文章有哪些亮点，标题好在哪里，等等。之后，代理人可以把自己的想法记录下来，并总结写出好标题的技巧。

（二）写好内容

关于如何写好保险类的文章，相关内容比较多，我们会在后面系统讲解，此处不赘述。

（三）精心排版

清晰、舒适、美观的排版可以让用户更容易获取信息和理解内容。因此，代理人在发布公众号文章之前，一定要重视排版。具体来说，代理人在排版时需要注意以下几个方面。

1. 字体选择

首先，标题建议使用 18px 字号，正文则建议使用 16px 字号；其次，整篇文章应避免使用 3 种以上的字体，以保持整体的协调性和简洁性；最后，纯黑色文字与白色屏幕会产生强烈的对比，建议使用更加柔和的灰色。

2. 突出重点

（1）加粗关键词或句。将重要的信息或观点加粗，可以帮助用户快速地捕捉到重点。

（2）改变文字颜色。使用与正文文字颜色对比明显的颜色来强调重点词和句，可以增加视觉吸引力。

（3）使用引号或特殊符号。对于特别重要的内容，使用引号或特殊符号进行标记，可以使其更加醒目。

3. 对齐方式

公众号文章的对齐方式，主要取决于文章的内容、排版风格以及期望传达的视觉效果。

左对齐是最常见的对齐方式，它符合大多数人的阅读习惯，显得亲切自然，有助于用户更轻松地阅读和理解内容。对于需要深度阅读或篇幅较长的文章，以及"干货"类文章，左对齐是一个不错的选择。

右对齐在公众号文章中相对少见，但在一些特定场景下，比如需要展现新颖、有格调或有现代感的内容时，也可以考虑使用。

两端对齐有助于用户进行深度阅读，能使每一行的文字长度相同，使文章看起来更加整齐。此外，它还能避免文字之间出现难看的缝隙，使内容显得稳妥，易于阅读。这种对齐方式适合长篇"干货"类文章。

居中通常被用于娱乐休闲类文章。这种对齐方式能使内容在视觉上更加突出，提升文章的品质感，吸引用户的注意力。

除此之外，为了增强版面的呼吸感，需要调整字间距、行间距，以及正文左右两侧的留白。建议将正文的两端缩进设置为 8px，字间距设置为 1px，行间距设置为 1.75px。

4. 段落

版式设计应尽量提高文章的可读性。方法是，将长句分为短句，将长段落分为短段落，每个段落最好不要超过 3 行。

我们自己要提供价值，并且邀请别的人来一起提供价值，增加用户的离开成本。像经营一个鱼塘的心态一样，允许鱼虾、水草、泥土彼此共生。

这是生态化思维的体现，比你单打独斗、藏着掖着，成长快多了。

04
最后

最后想说一点，简单、真诚、可靠，利他，才是铁杆粉丝认可的核心，但凡抱着交易本身的目的来做链接的，往往都不长久。

搜寻1000个铁杆粉丝的过程就像是人性的修炼，做好了你会非常踏实，人生进入正循环。

———— END ————

近期直播：《个体时代如何做保险创业》
🔥 点击下方预约 🔥

多保鱼鹏哥
06月19日 19:00 直播

通过以上的设置，代理人就可以得到一个令人比较舒服的版式。此外，版式设计还有两个简便、省力的方法。

（1）使用编辑器。常用的编辑器有 135 编辑器、96 编辑器、新榜编辑器等。编辑器里有很多实用的排版样式，而且绝大多数是免费的。需要注意的是，版式不要太花哨，否则会分散用户的注意力。总之，版式是用来衬托内容的，让用户看起来舒服即可。

（2）使用格式刷。代理人可以把喜欢的公众号文章复制到草稿箱，然后使用格式刷，将其版式复制过来。

四、用好公众号的三种方法

（一）将公众号与其他工具联合

1. 公众号绑定视频号

公众号绑定视频号有以下四个好处。

（1）用户既可以从视频号的主页进入公众号，也可以在订阅号消息中看到视频号发布的内容，从而最大化地实现交叉导流。

（2）视频号在直播时，公众号的头像会显示"正在直播中"的状态，用户点击头像就可以进入直播间。此外，用户在阅读公众号文章时，可以直接从文章页面进入直播间。这样一来，直播引流的入口就变多了。

（3）用户在观看直播或短视频时点击关注，系统会默认关注公众号。我们在前文讲过，公众号是微信生态内最完备的流量分发器，因此引流到公众号有利于转私域以及后续的用户触达。

（4）公众号有自动回复的功能，新用户在关注后，可以顺着相应的路径，往下看更多的内容。视频号则没有这个功能，新用户在关注后，可能很快就会划走。

2. 在视频号中插入公众号链接

代理人在发布短视频时，可以在下方的扩展链接里添加公众号文章的链接，从而形成一个"钩子"。比如，代理人在短视频中分享内容时，可以简单地讲一下或只讲部分内容，然后引导用户点击公众号文章链接来了解更多的内容，这样就完成了短视频向公众号导流。

3.用公众号为短视频和直播导流

公众号文章的头部和尾部是非常好的广告位，可以插入视频号动态和直播预约链接。阅读公众号文章的用户在文章页面可以观看短视频、预约直播，这样就实现了用公众号为短视频和直播导流。

4.将公众号流量转入私域

代理人可以在公众号文章中设置一些"钩子"，比如扫码加微信、进群送资料、加微信定制个性化方案等。这样可以把公域用户引入私域，进行更深度的运营。

总之，公众号可以把短视频、直播、社群、个人微信、小程序、朋友圈等多个场景联系起来，构建起一个网络，进而实现高效运营。

（二）充分利用菜单栏

进入公众号后，最下面的一栏是菜单栏。菜单栏可以放置三个主菜单，每个主菜单可以放置五个子菜单。代理人可以在公众号后台进行设置，具体如下图所示。

　　菜单栏的作用有以下三个。

　　（1）展示自己。代理人可以将个人介绍、个人联系方式或微信群号等信息放到菜单栏里，用户点击菜单栏即可联系代理人。这样，用户就可以直接进入代理人的私域。

　　（2）展示产品。代理人可以在菜单栏里导入小程序，以推广产品。通过这个入口，用户可以直接跳转到店铺或产品详情页。

　　（3）展示历史内容。代理人既可以将往期好文放到菜单栏里，也可以将文章分门别类放到菜单栏里。这样，用户进入公众号后，可以清楚地看到公众号的特色内容。

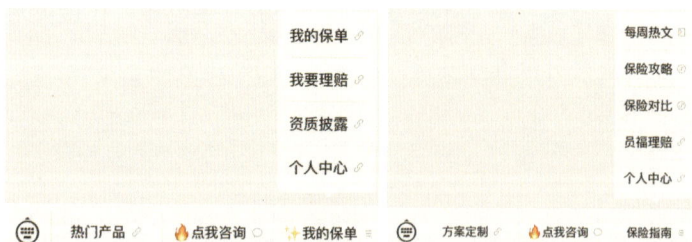

（三）设置自动回复，增强互动性

公众号设置自动回复，有助于代理人与用户更好地互动，尤其在代理人不能及时回复用户的消息时。自动回复有以下三种模式。

（1）被关注回复，就是发出欢迎语。设置了被关注回复后，用户关注公众号时会收到欢迎语。这是代理人和用户第一次真正意义上的互动，因此设置好欢迎语非常重要。好的欢迎语一般包含三部分：第一，写一句欢迎的话；第二，写一段自我介绍，其中可以写上代理人的联系方式；第三，用一段排版别出心裁的文字或一张设计精美的图片，引导用户参与互动。

（2）关键词自动回复，就是用户在向公众号发出关键词后，可以收到设定好的回复内容。设置了关键词自动回复后，用户在任何时候都能收到代理人的回复，获得互动体验。设定好的回复内容既可以是文字、图片，也可以是视频、链接等。这一功能对承载产品、转化私域非常有帮助。

（3）收到消息回复，就是用户在向公众号发送任意消息后，即可收到回复。比如，代理人可以将回复设置成自己的微信二维码。

五、如何写出吸引人的保险类文章

在前面，我们系统介绍了公众号文章标题的写作、版式设计，以及如何用好公众号，而在这些运营动作的背后，内容才是核心。接下来，我们讲一下如何写保险类的公众号文章。

（一）明确公众号的定位

在写公众号文章之前，代理人要清楚公众号的定位。也就是说，代理人要清楚写公众号文章想要达到什么目的，想要在什么场景下使用，以及想要获得什么效果。

作为保险从业者，代理人写公众号文章的目的就是转化和获客。在这个短视频大行其道的时代，虽然依靠"爆款"图文大量获客几乎不大可能，但公众号依然可以辅助转化和获客。

相比于短视频，图文结合的公众号文章的结构性更强，便于展示内容的细节，进而引发用户深度思考。比如，产品测评的文章可以呈现详细的条款说明、对比表格等，用户可以边看边思考，甚至做出决策。公众号文章的这种深度阅读的体验，是短视频无法提供的。也正因如此，公众号文章的选题思路更垂直、更针对私域。

我们可以设想一下，当代理人和用户正在沟通一些具体的保险产品问题时，如果代理人能发给用户一篇翔实、可落地的测评文章，用户对代理人专业性的认可度自然会大大提升。

（二）选题是核心

明确了公众号的定位之后，选题的方向也就明确了。代理人不要幻想依靠花哨的内容来获客，相反，公众号文章的选题要贴合业务、有实用价值。

以下是一些关于选题方面的建议，供大家参考。

1. 多写如何买保险，少写劝人买保险

一方面，劝人买保险的内容已经太多了；另一方面，如今人们对保险的接受度比之前有了很大的提升，保险消费已经从依靠爱和责任驱动的感性消费，变成了对比产品和服务的理性消费。尤其在公众号这个"阵地"上，内容更要突出专业性。所以，代理人要跟上用户的变化，把精力花费在写具有专业性的文章上。

建议代理人写教用户如何买保险的文章，比如涉及产品测评、投保攻略、保险理赔等内容的文章。接下来，我们具

体讲一下。

1）产品测评类

产品测评类文章一般包含三个部分：产品的优点、产品的缺点和适用人群。

很多代理人在写这类文章时，营销"味道"太重，内容不够中立。每款保险产品都不是完美的，既有优点，也有缺点。所以，代理人在写这类文章时，要写清楚每款保险产品的优点、缺点和适用人群。这样，用户在看完文章之后，能够从中找到决策依据，而不是感觉自己看了一篇冗长的广告。

2）投保攻略类

所谓投保攻略类文章，就是要让用户在读完文章之后，可以更省力地买保险。对很多用户来说，挑选保险产品的难度是比较高的，因为保险产品的条款比较多，很多用户不清楚哪些条款比较重要，每个部分应该怎么选，等等。因此，代理人在写这类文章时，可以总结一些挑选保险产品的标准和原则。

比如，代理人在写重疾险的挑选方法时，可以把挑选产品的要点列出来，比如疾病种类、疾病分组、保障期限、身故保障等，然后对每个要点进行详细说明，并给出选择的方法。这相当于代理人帮助用户做了筛选，不仅可以节省用户的时间和精力，还可以让用户少走弯路。

3）保险理赔类

保险理赔类文章也是用户比较喜欢的，主要包括两类：

理赔流程类和理赔案例类。

理赔流程类文章的框架包括要准备的资料、理赔的步骤和注意事项等。但这类文章和很多保险类文章存在一个相同的问题，那就是"炒冷饭"，毕竟保险理赔的流程都是相对固定的。

理赔案例类文章可以常写常新，因为其素材源于生活中真实发生的案例。这类文章的框架大致包括：按照理赔的时间顺序展开故事；描述理赔过程中遇到的问题；描述问题的解决方法和解决过程；总结理赔经验，并给出建议。代理人可以通过不断分享自己经历过的案例，让用户看到代理人如何提供理赔协助服务，以增加用户对代理人的信任。

2. 搭建知识体系

保险知识是有框架体系的。代理人在准备公众号文章的选题时，要注意搭建知识体系，否则公众号的内容结构会很混乱。

代理人可以围绕投保的前、中、后三个不同的环节，搭建知识体系。具体的方法有两种：一种是模仿同业公众号的知识体系；另一种是在服务用户的过程中，思考用户在各个环节需要什么样的文章，然后构建知识体系。比如，在投保前，用户可能想要了解不同险种的作用，以及不同险种配置的优先级、家人保险配置的优先级和预算等；在投保的过程中，用户可能会关心挑选产品的技巧、产品测评、健康告知等；在投保后，用户可能会关心保险理赔的相关问题。

保险类公众号文章选题的结构框架

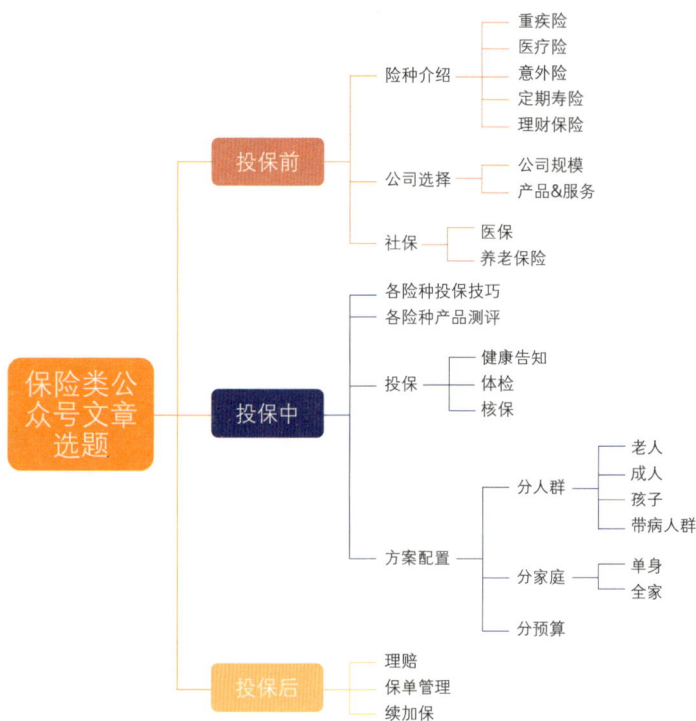

```
                                              ┌── 重疾险
                                              ├── 医疗险
                          ┌── 险种介绍 ────────┼── 意外险
                          │                   ├── 定期寿险
                          │                   └── 理财保险
            ┌── 投保前 ───┤                   ┌── 公司规模
            │             ├── 公司选择 ───────┤
            │             │                   └── 产品&服务
            │             │                   ┌── 医保
            │             └── 社保 ───────────┤
            │                                 └── 养老保险
            │             ┌── 各险种投保技巧
            │             ├── 各险种产品测评
            │             │                   ┌── 健康告知
 保险类公    │             ├── 投保 ───────────┼── 体检
 众号文章 ───┼── 投保中 ───┤                   └── 核保
 选题        │             │                                   ┌── 老人
            │             │                   ┌── 分人群 ─────┼── 成人
            │             │                   │               ├── 孩子
            │             └── 方案配置 ───────┤               └── 带病人群
            │                                 │               ┌── 单身
            │                                 ├── 分家庭 ─────┤
            │                                 │               └── 全家
            │                                 └── 分预算
            │             ┌── 理赔
            └── 投保后 ───┼── 保单管理
                          └── 续加保
```

　　需要提醒的是，公众号文章的选题一定要贴合业务，满足用户群体的需求。也就是说，代理人没有必要按照上图的结构，把投保各个环节涉及的问题全部写出来，而应该根据具体情况以及紧急程度规划选题，"写"以致用。

　　此外，为了更好地呈现知识体系，方便用户查找，代理人要做好文章的分类和链接。在写了很多文章之后，代理人可以专门分门别类地整理一下之前写的文章，用一篇文章对它们加以介绍。

3. 围绕"三讲"做选题

所谓"三讲"，就是"讲行业""讲公司""讲个人"。"讲行业"是指讲行业内的热点事件、市场趋势，展现代理人的专业素养；"讲公司"是指讲公司的特色、文化，增加用户对公司的了解与信任；"讲个人"是指讲代理人的个人成长经历、职业感悟，与用户建立情感连接。围绕"三讲"，代理人能够创作出既有价值又吸引人的内容，提升公众号的影响力。其中，"讲个人"和个人 IP、私域经营的关系最紧密，我们来重点介绍一下。

用户都想找靠谱的代理人买保险。所以，用户在买保险之前，肯定想尽可能多地了解代理人，尤其在刚加代理人的微信之后。在公众号里放一篇清晰的个人介绍，并适时地发给用户，对获客非常有帮助。

个人介绍类文章的写法类似于"关注我的三个理由"这类短视频的做法。文章一般包括以下几部分：代理人的基本信息、代理人的过往履历、代理人擅长的领域、代理人能为用户提供什么等。

4. 实用大于数据

根据公众号文章的定位，代理人需要关注的是文章的实用性以及用户看完文章之后的反馈。至于文章的一些数据，比如点开率、阅读人数、评论数、收藏率等，可以作为参考，代理人不必太过在意。

5. 从日常工作中寻找选题

代理人每天都在做业务，帮助用户解决问题，或者参加培训，学习新的知识。所以，代理人从中学习和总结的知识经验，就是很好的选题来源。这些内容与代理人的工作和用户关心的问题息息相关，更容易引起用户的共鸣。

第五章

变现：不是"网红"，也能获得收益

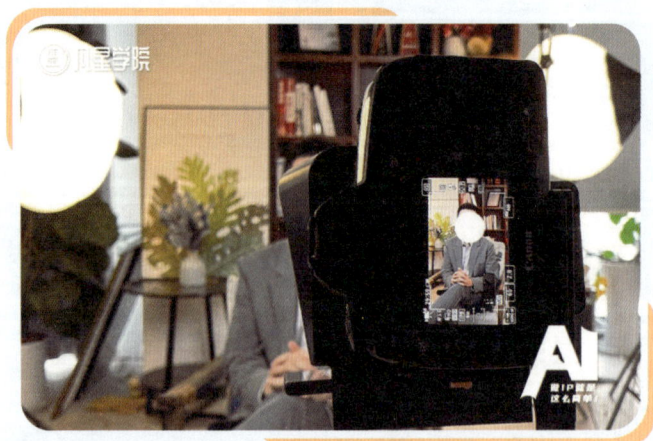

第一节 | 保险 IP 的变现路径

一、代理人要走"网红"路线吗

短视频、直播、微信朋友圈和公众号都只是数字化营销的工具，代理人的最终目的是通过这些工具实现转化变现。也就是在数字化的大环境下，拓宽"赛道"，迭代营销策略，提升综合素质能力，获得更高的收入。既然如此，代理人是否应该走所谓的"网红"路线，"收割"流量呢？

答案是不应该。因为保险 IP 和"网红"IP 在本质上有着非常大的区别，变现的底层逻辑也有所不同。"网红"IP 需要大量引流才能获得收入，而保险 IP 在发展初期就可以较为精准地吸引意向用户，从而实现变现。总之，保险 IP 是代理人的变现工具，而不是流量"收割机"，更不是成为"网红"、出名的工具。

二、保险 IP 的两种触达方式

保险 IP 要想实现变现，最重要的是与用户产生链接，也就是吸引用户的注意力，从而触达用户。触达用户的方式有两种：一种是被动触达，另一种是主动触达。

被动触达，主要是通过打造专业形象和持续输出利他的内容，吸引用户主动关注。这种方式最自然，但变现的周期较长，基本上需要 3~6 个月才能见效。主动触达，是通过主动跟进点赞互动的用户、主动跟进社群中的用户、引入私聊等方式，将主动权掌握在代理人自己的手中，快速推动变现进度。若合理利用这种方式，代理人基本上在当月就能签单变现。

三、保险 IP 变现的多维度路径

接下来，我们将从视频号、微信朋友圈、公众号等线上沟通、经营的角度，多维度剖析保险 IP 的变现路径。

（一）视频号

视频号具备一定的私域流量和潜在的无限公域流量。代理人可以根据客户的不同类型选择不同的变现方式。客户一般可划分为已成交的老客户、正在沟通的客户、联系中断的客户、休眠状态的客户，每种客户都有其相应的变现方式。

1）已成交的老客户

对于已成交的老客户，视频号可以作为维护与深化客户关系的重要工具。代理人可以定期制作与保险相关的视频，分享保险知识、行业动态或产品更新信息，以保持与老客户的联系。代理人也可以邀请老客户参与视频互动，分享他们的保险体验或故事，增加老客户的参与感和归属感。此外，代理人还可以利用视频号对老客户进行关怀，比如发送节日祝福、生日问候等，以增强老客户对代理人的信任感和忠诚度。

2）正在沟通的客户

对于正在沟通的客户，视频号可以成为展示代理人的专业形象和服务能力的重要平台。代理人可以通过视频号展示自己的专业知识、经验和以往的成功案例，提升客户对自己的信任度和购买产品的意愿。代理人也可以利用视频号进行产品演示和解答疑问，帮助客户更好地了解保险产品的特点和优势。此外，代理人还可以通过视频号与客户进行在线互动，及时回答客户的问题和提供个性化建议，提高沟通效率和客户的满意度。

3）联系中断的客户

对于联系中断的客户，视频号可以成为重新建立联系和唤醒客户兴趣的有效手段。代理人可以通过发送有针对性的视频，重新吸引客户的注意力并激发他们的兴趣。比如，代理人可以发送一些与保险相关的热点话题或实用技巧的视频，引起客户的兴趣和好奇心。同时，代理人也可以在视频中嵌入一些优惠活动或特别推荐的产品信息，引导客户重新建立联系并进行购买。

4）休眠状态的客户

对于休眠状态的客户，视频号可以成为唤醒客户并重新激活其购买意愿的有效工具。代理人可以通过发送一些与保险相关的实用内容或优惠信息，激发客户的购买欲望并引导他们重新关注保险产品。代理人也可以利用视频号开展个性化的客户关怀活动，比如发送定制的祝福视频或关怀信息，增加客户对代理人的好感度和信任度。此外，代理人还可以通过视频号与客户进行互动沟通，了解他们的需求和疑虑，并提供专业的解答和建议，重新激活客户的购买意愿。

综上所述，通过制作有针对性的视频内容、与客户进行互动沟通、提供个性化的服务等手段，代理人可以有效提升客户的满意度和购买意愿，实现保险产品的变现目标。

此外，视频号还可以成为增员工具。代理人既可以在视频号上记录和宣传个人成长经历，也可以根据团队的特性，在视频号上进行有效的链接和宣传，吸引准增员。以下是代理人利用视频号吸引准增员的方法。

1）明确目标受众

代理人要明确自己想要吸引的准增员的类型，比如他们的年龄、性别、职业背景、兴趣爱好等。虽然准增员的类型不同，脚本的创作方向也不同，但最终目的都是引起他们的强烈共鸣。通过了解准增员的需求和兴趣点，代理人可以更有针对性地制作视频内容。

2）制作有吸引力的视频内容

代理人可以通过视频号分享保险行业的成功人士的案例、发展前景、职业成长路径等内容，展示保险行业的魅力和潜力，也可以分享一些与代理人工作相关的实用技巧、经验等内容，帮助准增员更好地了解这个职业。

3）强调团队文化和能获得的支持

代理人要在视频中强调团队文化和能获得的支持，展示团队的凝聚力和合作精神。比如，代理人可以在视频中分享一些团队成员之间的互动、合作经历，以及公司对代理人的培训和支持政策。这样可以增加准增员对团队的信任感和归属感，提高他们加入团队的意愿。

4）利用社交媒体推广

除了在视频号上发布视频内容，代理人还可以在其他社交媒体上进行推广。比如，在微信群、微信朋友圈、微博等平台上分享视频链接或截图，并附上吸引人的标题和描述，吸引更多准增员的关注。

5）提供联系方式和互动机会

代理人要在视频的结尾或描述中提供联系方式和互动机会，鼓励准增员主动与代理人取得联系。代理人可以留下微信号、手机号等联系方式，或者设置互动问题、留言板等，与准增员进行互动交流，进一步增加他们对代理人的信任度和好感度。

（二）微信朋友圈

微信朋友圈是代理人对外展示的重要窗口。布置好微信朋友圈是代理人展示个人形象、传递专业价值，并吸引潜在客户的重要步骤。因此，代理人要好好"装修"自己的微信朋友圈，包括头像、昵称、签名、背景等。

1. 有效布置微信朋友圈

（1）头像。首先，头像要展示代理人的专业性。具体的做法是，选择一张穿着正装的半身照或全身照作为头像，以展现代理人的专业形象。需要注意的是，照片一定要清晰。其次，不同社交媒体平台的头像应保持一致，以强化个人品牌形象。

（2）昵称。昵称可以使用真实姓名，以增加潜在客户的信任感。如果代理人有某个广为人知的昵称，也可以考虑使用，但要确保不会给潜在客户造成误解或混淆。

（3）签名。首先，签名应该简洁，能够概括代理人的保险业务或专业特长。其次，签名应该突出专业价值或服务理念，比如"专业保险咨询，为您的家庭保驾护航"。除此之外，代理人也可以适当添加联系方式，比如手机号，方便潜在客户与自己取得联系。

（4）背景。代理人可以选择一张与保险业务相关的图片作为背景，比如保险公司的标志、保险条款摘要等，以强化自己的专业形象。需要注意的是，应当避免使用过于复杂或花哨的背景，以免分散用户的注意力。

2.规划发布微信朋友圈的内容、时间和频率

（1）内容规划。代理人可以定期发布与保险相关的内容，比如行业动态、保险知识、案例分析等，以保持微信朋友圈的活跃度和专业性。此外，代理人也可以发布公司介绍和产品介绍、团队风采及活动、个人特点、个人荣誉及成长经历等。关于微信朋友圈的内容，我们在第四章第一节详细讲过，此处不再赘述。

（2）发布时间。发布微信朋友圈的时间，建议根据目标受众的作息时间和活跃时段来选择。一般来说，早晨起床、中午休息、下午下班等时间段，人们手机使用的频率较高，因此，这些时间段较适合发布微信朋友圈。当然，代理人需要根据目标受众的具体情况进行调整。

（3）发布频率。过于频繁地发布微信朋友圈可能会让用户感到厌烦，甚至被用户屏蔽。因此，建议代理人控制好发布微信朋友圈的频率，避免过于频繁。同时，代理人也要保持一定的活跃度，确保用户能够看到自己的存在和业务动态。具体来说，建议每天发布微信朋友圈的信息数量控制在5条以内，一周不要超过5次。此外，代理人还要注意发布在微信朋友圈中内容的质量，毕竟高质量的内容比频繁发布更重要。

（4）互动与回应。及时回应微信朋友圈中的评论，可以帮助代理人展现良好的客户服务态度。

（5）避免过度营销。虽然微信朋友圈是一个推广渠道，但过度营销可能会导致用户产生反感。代理人要保持朋友圈内容的多样性和高价值，避免纯粹的推销行为。

总之，通过精心布置和规划微信朋友圈，代理人可以塑造一个专业的、可信赖的形象，从而吸引潜在客户的关注，并为进一步的沟通和合作打下良好的基础。

（三）公众号

公众号作为一个被广泛使用的社交媒体平台，具有庞大的用户基础和高度的互动性。因此，相较于传统的营销方式，比如广告投放、线下推广等，利用公众号进行变现的成本更低。代理人只需投入一定的时间和精力来运营公众号，就可以实现品牌宣传、产品销售等目的。

那么，代理人如何通过公众号变现呢？具体建议如下。

（1）发布优质内容。代理人需要定期发布高质量的与保险相关的内容，比如保险知识普及、产品解读、行业动态、案例分析等。优质的内容不仅能帮代理人扩大自己的影响力，提升个人或团队品牌的知名度，还能吸引潜在客户的关注，增强现有客户的黏性。

（2）打造个人或品牌形象。通过公众号，代理人可以展示自己的专业知识和经验，从而建立个人或品牌的权威性和专业性。这有助于提升用户对代理人的信任，进而促进保险产品的销售。

（3）提供多种服务。公众号为代理人提供了一个与用户直接沟通和交流的渠道。代理人可以在公众号上提供保险咨询服务，帮助用户了解适合自己的保险产品，解答他们在保险方面的疑问。此外，代理人还可以提供保险方案定制、风险评估等服务，以满足用户的个性化需求。

（4）嵌入保险产品的购买链接。代理人可以在公众号文章中嵌入保险产品的购买链接，方便用户直接购买。此外，代理人还可以设置专门的购买通道或保险商城，提供多种保险产品供用户选择。

（5）开展优惠和促销活动。通过公众号，代理人可以开展各种优惠和促销活动，比如限时折扣、满额赠品等，以吸引用户购买保险产品。这不仅可以提高销售额，还可以增加用户对代理人的好感度和忠诚度。

（6）建立会员制度。通过公众号，代理人可以建立会员制度，为不同级别的会员提供不同的优惠和服务。比如，高级会员可以享受更多的保险咨询、定制服务等。这样可以增加客户的黏性，促进他们长期购买和将保险产品推荐给他人。

（7）和其他公众号或 KOL（关键意见领袖）合作。代理人可以和其他与保险相关的公众号或行业的 KOL 合作，互相推广和引流。这样不仅可以扩大代理人的影响力，还可以吸引更多的潜在客户。

（8）利用数据分析优化内容和服务。通过分析公众号的用户数据，代理人可以了解用户的兴趣、需求和行为习惯，从而优化内容和服务。这样有助于提高用户的满意度和转化率。

（9）建立私域流量池。利用公众号，代理人可以建立自己的私域流量池，并通过运营将潜在客户转化为忠实客户。这样可以为代理人带来稳定的收入。

综上所述，公众号变现的策略多种多样，关键在于代理人要提供有价值的内容和服务，建立个人或品牌的权威性和专业性，并通过多种方式促进保险产品的销售和服务的推广。

第二节 ｜ 打通你的保险 IP 变现模式

一、分类整理客户名单

客户大致可以分为两类：私域客户和公域客户。私域客户，指的是已经存在于代理人微信好友列表中的亲朋好友，其中有些是老客户和准客户。公域客户，指的是从视频号等渠道引流到微信中的新朋友。此外，还有一种客户是转介绍客户。转介绍客户就是私域客户为代理人带来的新客户。

为什么要做这样的分类呢？因为在吸引私域客户和公域客户时，代理人要做的事情是完全不同的。在刚开始的时候，建议代理人先从私域客户做起。毕竟，相较于公域客户，私域客户对代理人有一定的信任基础，更容易运营。

私域客户还可以进一步分为已成交的老客户、洽谈中的客户、洽谈暂停的客户和已认识的潜在客户。不同的私域客户群体，其变现方式是不一样的。

1. 已成交的老客户

对于已成交的老客户，在变现阶段，代理人一定要加强和他们之间的联系。代理人要让老客户觉得，他们买了保险之后，自己对他们的服务并没有停止，还一直非常关心他们。长此以往，老客户会更加认可代理人的专业性和敬业度。而且，老客户通常对代理人有着非常强的信任基础，所以不断加强和老客户之间的联系，代理人不仅可以持续获得他们的及时加保，也可以持续获得他们介绍的客户。

通过保险 IP 打造，代理人可以再度激活已成交的老客户。但是，在此过程中，代理人要注意以下三个方面。

（1）树立专业形象。代理人可以通过分享专业文章，参与行业讨论，发表对行业的见解等方式，加深老客户对自己专业能力的认知。

（2）持续提供价值。代理人要定期发布与保险相关的有价值的内容，比如行业动态、保险知识等，保持老客户对自己的关注。

（3）提供个性化服务。代理人可以根据老客户的需求和偏好，提供定制化的保险咨询等服务，增强他们的满意度和忠诚度。

2.洽谈中的客户

对于洽谈中的客户，代理人要通过打造保险 IP 的线上工具有效地促进成交。

在洽谈的过程中，代理人可以通过分享自己在保险领域的专业经验和成功案例，展示个人的专业实力和服务价值，并通过透明的沟通、及时的回应和专业的建议，与洽谈中的客户建立信任关系。比如，代理人可以撰写定制化的脚本，用短视频的形式解答客户心中那些不愿明说的疑惑与不解，并在发布成功后推送给客户，感谢客户给予的灵感。之后，代理人可以根据洽谈中的客户的需求和情况，为其提供定制化的保险方案。

3.洽谈暂停的客户

对于洽谈暂停的客户，代理人要通过打造个人 IP 工具重新激活他们。洽谈之所以会暂停，大多是因为客户不够信任代理人。因此，加强客户对代理人的信任尤为重要。

（1）代理人可以将时事新闻与保险有效地结合起来，并在线上平台发表自己的观点和见解，这样既能显示自己的专业性，又能加强客户对自己的信任。

（2）代理人可以通过社交媒体与洽谈暂停的客户保持联系，表达关心并提供行业最新动态或产品更新信息。

（3）针对客户之前提出的疑虑或问题，代理人可提供解答和建议，消除他们的顾虑。

（4）代理人可以设置定期回访计划，了解客户的最新需求和意向，为重启洽谈创造机会。

4. 已认识的潜在客户

对于已认识的潜在客户，代理人要通过打造个人 IP 工具唤醒他们的需求。

（1）代理人可以通过分享专业文章、行业活动等内容，展示自己的专业性和可靠性，吸引已认识的潜在客户的关注和信任。

（2）代理人可以通过社交媒体平台与已认识的潜在客户互动，回答他们的问题，提供咨询和建议，引导他们更深入地了解保险产品和服务。比如，如果代理人已认识的潜在客户主要是"宝妈"群体，那么就应该从孩子的教育、健康等方面入手，吸引客户的注意力，并唤醒客户的保险需求。

二、亮出你的保险 IP

虽然有些私域客户对代理人有一定的了解，但大部分人其实并不清楚代理人保险业务做得如何、为什么要运营视频号等。因此，代理人需要正式地以保险 IP 的身份亮相。

一个好的方法是，代理人将自己在保险行业的发展经历写成脚本，并拍成短视频，发布在微信朋友圈里，或者和定

制化的文案一起私信发给私域客户，以此告诉他们，自己为
什么从事保险业、为什么做视频号、能为他们带来什么价
值，以及希望他们可以提出一些建议等。

三、定制内容更容易吸引准增员

很多代理人为了吸引准增员，会将展示团队风采和集体
活动的视频发到视频号上。虽然这种方法还不错，但见效比
较慢。更好的方法是，针对某一个或某一类准增员定制内容
脚本，并发给他们。这样，准增员会认为代理人非常理解他
们，更容易产生深度的共鸣。此外，这种方法还可以有效地
建立信任，更有利于推动准增员加入代理人的团队。

四、转化的前提：建立私域流量池

代理人要利用个人 IP 建立私域流量池，以吸引更多的潜在客户，并为其提供个性化服务，促进销售业绩的提升。此外，私域流量池的建立还有助于增强代理人与客户的信任关系，提升客户的满意度和忠诚度。

代理人可以建立私域沟通渠道，比如微信群、QQ 群等，以便更深入地与客户互动和建立信任关系。而只有深入了解客户的需求，代理人才能为他们量身定制合适的保险方案，并提供专业的建议和指导。此外，在私域流量池中，代理人可以运用优惠券、限时折扣等营销手段来促进销售，或通过举办线上活动、分享成功案例等方式，提升客户的购买意愿和信任度。

与此同时，代理人要定期分析私域流量池的数据，了解客户的活跃度和购买行为，以便优化和改进个人 IP 的营销策略和服务内容。代理人还要关注行业动态和客户需求的变化，及时调整个人 IP 的定位和服务方向。

五、如何高效将公域客户引入私域

对代理人来说，将公域客户引入私域是非常重要的。那么，如何才能高效地将公域客户引入私域呢？

（1）代理人可以在视频号主页留下个人微信号或直接关联企业微信，或者通过链接公众号、私信、加微信送礼物等方式引导潜在客户添加微信。

（2）代理人可以在社交媒体平台上定期发布与保险相关的有价值的内容，比如保险知识、行业趋势分析、保险案例分析等。这些内容可以吸引潜在客户的兴趣，并提升他们在私域流量池中的活跃度。

（3）代理人可以在社交媒体平台上与潜在客户进行互动，回答他们的问题，提供咨询和建议，吸引他们进入私域。

（4）代理人还可以使用评论区抽奖、引导用户加入社群等方式，吸引公域客户。

六、代理人社群运营技巧

微信营销的核心在于把客户从公域引流到私域，然后通过持续、多样化运营完成转化变现。微信营销主要运用于四个方面：微信朋友圈、公众号、视频号、微信社群。做好这四个方面的工作，再结合微信私信的一对一沟通，可以达到事半功倍的效果。

微信朋友圈是代理人分享生活、工作和观点的平台，具有即时性、互动性和便捷性的特点。对代理人来说，微信朋友圈运营是打造个人品牌最简单的一种方式。公众号适合长篇的观点输出，可以更好地体现代理人的专业性。视频号是代理人真实形象的立体展现。视频号的短视频和直播，可以让代理人的个人品牌变得可视化、多维度和富有趣味性。微信社群是客户和准客户的线上集合平台，是维系客户关系的纽带，是最高效、最便捷的转介绍中心，它可以帮助代理人更好地跟客户建立信任。

关于微信朋友圈、公众号和视频号的运营，我们在前面已经做了详细的阐述。接下来，我们重点讲一下微信社群运营。

微信社群运营是一对多经营客户的高效方法。代理人可以利用群聚效应和从众心理，用热心、阳光、正能量的人设引流，使自己成为社交圈的裂变中心，提升个人品牌的影响力。

在建立微信社群之前，代理人要明确三个问题：第一，邀请什么人进社群？第二，在社群里输出什么内容？第三，做什么运营活动来活跃社群？

1. 邀请进群

社群运营的第一步是邀请微信好友加入社群，这也是社群运营最难的一步。代理人要筛选名单，对名单进行分类，并一对一地发送邀请消息。虽然这是一项枯燥的工作，且容易被对方拒绝，但有效果。

社群的目标成员包括老客户和准客户，也就是有信任基础的微信好友。对于这些"弱连接"的好友，如果你不去经营，他们就会被别人经营。社群是代理人可以持续输出保险理念的"阵地"，代理人要让社群成员在想到保险时首先想到自己。

根据成员的不同，社群一般可以分为两种：客户 & 朋友服务群和同质群体群。

客户 & 朋友服务群的成员数量一般是 100~200 人。运营的主要目的是发布资讯，加强社群成员的保险和理财意识。需要注意的是，代理人不要让这类社群演变成无意义的聊天社群。

同质群体群一般由 30~100 人组成。运营的主要目的是为价值观相近的一群人提供一个可以畅所欲言的平台。这类社群是一个有效的销售渠道，代理人可以在社群中推广和销售保险产品。同时，通过促进社群的互动和交流，代理人还可以发现潜在的客户和业务机会，从而拓展业务范围。

2. 输出内容

代理人要在社群中持续地输出优质的内容。这样做的目的是，与时俱进地讲解保险的意义和功能，建立并强化社群成员对保险的正确认知。相关内容既可以是理性的科普分析，也可以是感性的心得想法。形式以文字为主，以图片、表情、语音、视频为辅。

关于社群运营的日常内容，代理人既可以借鉴、引用知乎、得到、百度、公众号等其他平台上的财经类内容，也可以借鉴公司的合规宣导材料，同时发表自己的观点。这样，社群成员可以获得最新的、专业的、可靠的资讯，了解代理人独到的观点，在社群中感受到温暖，获取资源和福利。

3. 运营活动

社群运营的下一步是私信追踪，即把社群成员从社群引流到私聊中，判断他们当下是否有可以被激发的购买保险的需求。代理人可以从社群成员对群里发布的内容的反应入手，及时询问他们的感受，并对他们的遭遇充分地表达同理心。此外，代理人还可以从身边的事出发，用走心的聊天技巧创造成交的场景。即使被拒绝，也没有关系，代理人要坦然面对。

下面这些富有同理心的话术，可以帮助代理人把准客户从一对多的群聊中引流到一对一的私聊中。

王姐，我看您领红包的手气不错呢。我们精心准备的内容，您觉得不错吧？

胡哥，我们的群课讲完了，大家的反馈都不错。您忙完手边的事，记得进群浏览一遍哟。最后的手气红包，您也别忘了领。

刘姐，您刚才在群里说的那个观点，我特别认同。我一直觉得，将来孩子们大了，越有出息就飞得越远，自己老了根本指望不上他们。

李姐，您和我提过，这两年都没有去体检。我特别理解您。

我的不少客户也是这样的。一是忙，二是担心真查出什么。

马姐，勤做体检，早买保险！您这次增加到 100 万元保额了，再配上我们的医疗险，之后，您就放心去做体检。没事最好，小毛病及时治疗，住院看医生，保险也用得上，您安心恢复就好。

李姐，很高兴您和我说了心里话。我理解您，我们过了这段时间再来考虑保险的事情吧。我的客户服务群经常有好的内容，您要继续多关注哦。如果您身边有朋友考虑购买保险的话，您多帮忙推荐啊，我们会给您提供福利。

············

此外，社群里的"托儿"（积极分子）也起着重要的作用。代理人可以利用从众心理，让"托儿"带头，引发社群成员的互动。比如，当代理人在社群里利用发红包来测试活跃人数和引导互动时，可能会出现有些社群成员领了红包却不回复的情况，这时，提前安排好的"托儿"就可以发挥作用了。"托儿"主动回复感谢你，然后代理人可以利用接龙功能和封闭性问题，活跃社群的气氛，引导社群成员互动。在一个社群里，有30%~40%的成员领取红包，这个社群的活跃度就算达标了。

如果有人退群，代理人也不必过于紧张。社群流失10%

左右的人是很正常的现象。

七、视频号的三种变现方式

在前文中，我们介绍过视频号这种保险 IP 的变现路径。接下来，我们再具体介绍一下视频号的三种变现方式，它们分别是影响力变现、直播带货变现、流量变现。

1. 影响力变现

影响力变现的方式有很多种，以下是一些常见的方式。

（1）广告变现。视频号的高质量内容和用户参与度的增加，会吸引广告商投放广告。这些广告分为两种类型：代理人原创视频广告和直播带货广告。

代理人原创视频广告是以代理人自身创意为核心制作的视频广告。这类广告通常具有高度的原创性和个性化，能够充分展现代理人的专业素养和独特视角。在直播带货广告中，代理人则通过直播的形式进行产品推广和销售。这类广告具有强烈的互动性和实时性，用户可以在直播过程中实时提问、发表评论，与代理人进行互动交流。此外，代理人还可以挂载广告链接，根据粉丝数量和点击量获得收益。

（2）电商推广。视频号可以绑定电商平台，因此，代理人可以选择一个与自己的视频号定位和目标受众相匹配的电商平台，比如微信小商店、淘宝、京东等，并在所选平台上开通店铺，完成店铺信息的填写和认证。之后，代理人可以在视频号后台开启上架产品功能，制作与产品相关的短视频或直播内容，并在内容中展示产品的特点、用途和优势，吸引用户的关注和兴趣。当然，代理人可以在视频或直播中提供购买链接或二维码，引导用户前往电商平台购买产品，这样就能通过自身的影响力促成销售，从中获得推广和销售的佣金。

（3）付费内容。视频号可以提供精品课程、专业咨询等有价值的内容，吸引用户付费获取。代理人可以制作关于保险知识、保单解读、理财规划等方面的课程，确保内容专业且有价值。同时，代理人也要确保保单检视服务详细、准确，以帮助用户更好地理解自己的保单。在视频号后台，代理人可以通过直播或小课程的形式提供这些内容，从中获得收入。

（4）粉丝经济。代理人可以通过在线上与粉丝互动、粉丝见面会等形式开展活动，从中获得支持和赞助。其中有以下两个方面需要特别重视。

首先，构建专业的个人品牌形象是关键。代理人需要展示自己在保险领域的专业知识和技能，通过分享有价值的保险知识、解答用户疑问等方式，建立起用户对自己的信任和认可。这有助于代理人吸引更多的目标受众，并建立起雄厚的粉丝基础。其次，与粉丝进行密切互动也是非常重要的。代理人可以通过直播、短视频、评论互动等方式，与粉丝进行实时交流，了解其需求和反馈。这不仅可以增强粉丝的忠诚度和黏性，还可以为代理人提供宝贵的市场信息和改进方向。

（5）品牌合作。随着视频号的影响力逐渐变大，代理人可以与品牌进行合作，推广品牌和产品。代理人要注重做好以下工作。

首先，代理人要清晰自己的品牌定位，明确自己的专业领域和服务特色。同时，代理人也要深入了解目标受众的需求和偏好，以便在与品牌合作中更好地满足他们的期望。其次，基于品牌定位和目标受众，去寻找那些与保险业务相关的且具有良好市场声誉的品牌进行合作。这些品牌可以是金融机构或相关行业的领军企业。最后，结合合作品牌的特点和目标受众的需求，创作高质量的内容，比如保险知识普及、案例分析、产品对比等类型的视频，以提升目标受众对保险业务的认知度和信任感。此外，代理人可以充分利用视频号平台的推荐算法、标签功能等，将发布的内容精准推送给目标受众，并利用直播、短视频、互动问答等功能，增强与目标受众的互动和黏性。

具体的合作方式包括有偿的合作、赞助或品牌代言，代理人可以根据不同的合作方式获得相应的收益。

2. 直播带货变现

视频号目前还没有开通直播销售保险的功能，因为其架构还不够完善。但未来，视频号的保险直播变现还是非常可期待的。

除了保险直播，代理人还可以进行读书直播和连麦直播。

这两种直播的优点是容易上手，而且可以带与话题相关的商品。比如，读书直播可以卖与保险相关的书籍。

3. 流量变现

根据如今的市场交易价，视频号的一个粉丝大概值 0.2 元，虽然比不上公众号，但比小红书要高，小红书的一个粉丝大概值 0.1 元。如今有些人在批量"做"号，可以带来一笔不小的收益。但这需要专业操盘，不建议个人去做。

对代理人来说，流量变现更多要通过客户来实现。比如，对于老客户，代理人可以拍摄有针对性的视频进行精准推送；对于休眠客户，代理人可以通过请求帮忙点赞来激活他们；对于潜在客户，代理人可以通过社群运营或付费社群来实现变现。

> **流量变现**
> ① 老客户变现 ⟹ **精准推送**
> ② 休眠客户变现 ⟹ **请求点赞**
> ③ 潜在客户变现 ⟹ **付费社群/社群运营**
> ④ 账号变现 ⟹ **专业操盘，不建议个人做**

对于以上变现方式，代理人没有必要每一种都尝试，根据自身的情况选择合适的变现方式即可。此外，团队运营和优化用户体验也非常重要。做好这两件事，有助于提高变现能力。

对新手来说，可以先从提供基础服务入手。具体如下所述。

（1）保单整理。代理人应该为客户提供专业的保单整理指导，帮助他们理解保单内容，明确保险权益。通过保单整理服务，代理人可以展示自己的专业知识和细致入微的服务态度，从而与客户建立更深入的信任关系。此外，定期对客户的保单进行复查和整理，还可以确保保单的准确性和有效性，为客户提供持续的服务保障。

（2）心理帮助。代理人也应该为客户提供心理帮助，缓解客户的负面情绪，增强他们的购买信心。这样，代理人可以与客户建立更深层次的情感连接，提高客户的忠诚度。

第三节 ｜ 如何实现线上成交

一、做好用户分层可以事半功倍

（一）原因

用户分层是一种基于用户的特征、行为、需求或其他属性，将用户群体划分为不同子群体的方法。做好用户分层有助于代理人更好地理解和管理用户群体，以提供更有针对性的服务，满足不同用户的需求。

从用户的视角来看，如果代理人能够精准地记录他们的需求，并且提供个性化的服务，那么他们的需求可以更快地得到满足，体验感也会更好。也就是说，在做好用户分层后，用户会觉得代理人更懂他们了。

从代理人的视角来看，随着用户的不断增多，代理人很难记住每个用户的情况，也很难分析什么类型的用户较多，自己应该做什么类型的内容等。做好用户分层之后，代理人就可以根据不同类型的用户提供有针对性的服务，代理人的工作效率也会越来越高。

（二）方法

无论是站在用户的角度还是站在代理人的角度，代理人都需要做好用户分层。那么，代理人应该如何做好用户分层呢？

1.记录和分析用户行为

首先，代理人要收集用户浏览文章、产品等行为数据，并分析这些数据，以识别用户的兴趣和需求。其次，代理人要根据分析结果将用户分为潜在、活跃和忠诚等不同层次，并为其提供个性化的服务。最后，代理人还要定期评估并调整分层策略，以适应用户行为的变化。

2.打标签

代理人要根据用户的行为，给用户打标签。比如，对于经常浏览孩子保险配置文章或产品的用户，代理人可以为其打上"儿童保险"的标签。之后，在和用户进行一对一沟通时，代理人就可以有针对性地和用户聊儿童保险的配置。

打标签的维度有很多。按照用户的来源，可以给用户打上视频号用户、抖音用户、搜索引擎用户等标签；按照意向度，可以给用户打上高意向度用户、中意向度用户和低意向度用户等标签；根据保障人群，可以给用户打上小孩、成年人和老人等标签。此外，根据用户浏览的产品类型，可以给用户打上重疾险、医疗险、意外险等标签；根据用户的需求，可以给用户打上产品对比、退保、健康险规划、储蓄险规划等标签。

二、做好服务配置，吸引用户主动上门

（一）含义和做法

1.含义

随着代理人持续输出高质量的内容，用户对代理人会越来越信任，有些用户会想更进一步和代理人沟通。此时，代理人就需要配置自己的服务。这里的"配置"包含两层含义：第一，服务内容是比较完善的；第二，有清晰明确的指引。

举个例子。你听说了一家口味非常不错的奶茶店，打算在周末下午和朋友去尝试一下。你们到达这家店后，就会想知道这家店提供哪些口味的奶茶和糕点。这些信息通常会在大门口或其他抢眼的位置用很大的篇幅展示，而且还会配上诱人的图片和好听的名字。当你们确定好意向目标之后，还需要知道在哪里点餐、取餐。这些指引通常也会比较明显，可以帮助你们轻松地解决问题。这就是"配置"。

也就是说，一方面，代理人要设计完善的服务内容，包括服务特色、服务案例、提供的产品、售后服务等；另一方面，代理人要让用户知道，应该从哪里开始，下一步应该怎么做，以及这样做之后能得到什么样的结果。

比如，下图是我们团队运营的公众号内配置的服务入口和提供方案规划的详情页。用户能够非常清晰地知道，从哪里找到我们，以及我们能够提供什么服务。

2. 做法

代理人可以在用户分层的基础上提供个性化的服务，比如普通家庭的基本保障规划、专属的儿童教育金规划、养老规划等。对于一些含金量比较高的服务，可以通过付费的方式精准筛选用户。此外，代理人还可以通过调查问卷收集用户的基本信息，比如性别、家庭成员情况、为谁规划保险、联系方式等。

具体的做法如下。

第一步，设计调查问卷，收集需要的信息。以基本保障规划为例，代理人通常只需要收集下表中的信息。如果问题太多，用户会有心理负担，问卷的提交率自然会降低。如果代理人需要了解更多的信息，可以在拿到问卷结果后，通过电话进一步与用户沟通。

基本保障规划调查问卷要收集的问题

序号	问题
1	称呼、地区、联系方式
2	给谁规划保险，身体状况、年龄、性别，有无社保
3	家庭收入、资产配置情况、预算
4	其他补充说明

第二步，工具配置。为了方便用户在线提交和代理人在多个场景中做服务配置，代理人可以使用第三方的 H5 工具，比如金数据。这些工具支持在线制作调查问卷。

调查问卷设计工具的界面如下图所示。左边是可以添加的题目类型，代理人选择合适的题目类型，点击就可以添加；右边可以对添加的题目进行编辑。创建一个调查问卷只需要半个小时，生成 H5 链接后即可进行服务配置。

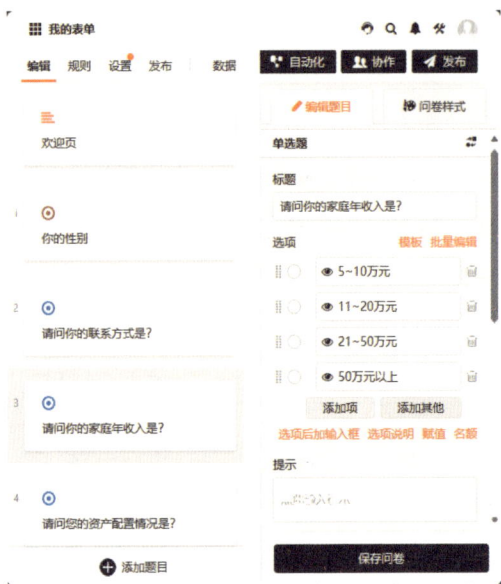

关于配置服务，有以下两个建议供大家参考。

（1）尽量在多个场景中做配置。比如，公众号菜单是一个比较固定的服务入口。此外，代理人还可以在公众号文章以及视频号中做配置。

（2）结合内容做配置。假如代理人有多个服务项目，比如基本保障规划、儿童教育金规划、养老规划等，那么在对应的内容里面嵌入相应的服务，会获得更好的效果。

（二）公众号和视频号的服务配置

下面我们来具体讲一下，如何在公众号和视频号内做服务配置。

1. 公众号

在公众号内，建议代理人至少在两个位置做服务配置。

（1）公众号的一级菜单。一级菜单是公众号的核心导航栏，用户在使用公众号时首先接触到的就是一级菜单。因此，代理人应充分利用这一位置，为用户提供直观、便捷的服务入口。在一级菜单中，代理人可以设置在线客服、服务预约、产品介绍等选项，以满足用户的不同需求。代理人要根据用户的浏览习惯和反馈数据，对一级菜单进行定期优化和调整，以确保其始终符合用户的期望。

（2）公众号文章的顶部和尾部。公众号文章的顶部和尾部都可以插入方案链接，这样用户看完文章后就可以直接进入方案页面。代理人最好在每篇文章中都做服务配置。

2．视频号

在视频号内，也建议代理人至少在两个位置做服务配置。

（1）在视频号的置顶评论中插入链接。相对于公众号菜单和公众号文章来说，这个位置有些隐蔽，所以，代理人最好能够在视频结束前做一个引导。

（2）在视频号的商品橱窗里配置服务。这需要代理人先开通微信小商店。在微信中搜索"视频号开店"，找到"立即开店"，选择"微信小商店"，填写信息后，即可免费开店。在开通微信小商店后，代理人需要把服务配置进去，之后，用户就可以在视频号主页看到代理人的服务。此外，在直播的过程中，代理人也可以将服务以卡片的方式进行推送，以提高服务的曝光率。

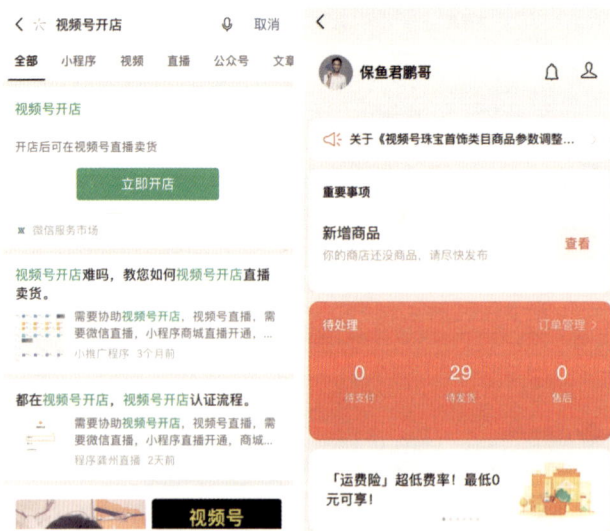

总之，随着代理人的私域运营体系越来越完善，用户会经常进入私域和代理人互动。再加上代理人能够持续地提供有针对性的内容输出，以及比较清晰的服务包装，代理人甚至可以等用户主动找自己买保险。

三、给线上客户配置保险方案的四个注意事项

代理人在给线上客户配置保险方案时，需要注意以下四点。

1. 确保预算符合客户的预期

在给线下客户做预算时，很多代理人喜欢把预算做得偏高一些，以为自己在和客户见面时可以引导客户的需求。但对线上客户来说，这种做法行不通。因为一旦线上客户觉得代理人做的方案性价比不高，很可能就不会给代理人讲解方案的机会。因此，代理人给线上客户做的初稿方案必须性价比高且在客户的预算内。如果代理人想给客户更多的保障，则可以做两份方案，确保一份性价比高的方案可以托底。

2. 配置逻辑前后一致

在配置保险方案时，代理人的配置逻辑必须前后一致。比如，如果代理人之前宣传消费型重疾险更合适，之后就不能主推"消费型重疾险 + 定期寿险"的组合。代理人一定不要太贪心，什么都想要的话，只会导致方案逻辑混乱，让客户感受不到重点。

3.凸显个性化需求

在买保险之前，客户会在多个平台上比较产品，而得到的方案一般都大同小异。因此，代理人要想赢得竞争，做出的方案必须满足客户的个性化需求，让客户觉得代理人的方案是为其量身定制的，和其他平台的方案不一样。比如，代理人可以做一个特别有质量的产品对比表，针对客户的身体亚健康情况挑选一款产品，或者当其他代理人都在推"重疾险 + 定期寿险"的组合时，主打"增额寿险 + 定期重疾险"的组合。

4.选择合适的沟通方式

在为线上客户呈现方案时，代理人最好选择面谈的沟通方式，其次是视频聊天和电话，最好不要使用微信文字聊天。通常而言，通过微信聊天来讲解方案，几乎不可能转化成功。

对于线上转化，最好的讲解方案的方式是同屏讲解。比如，代理人可以用腾讯会议共享桌面，或者用手机同屏 App 来讲解方案。最差的情况，代理人也要给客户打一通微信电话，并提醒客户打开方案链接，然后进行讲解。

在讲解方案后，如果客户表示满意，代理人可以尝试直接促成投保。比如：

我给您发的方案下方就是产品的投保链接。我提供的产品链接是可以直接投保的，也是保险公司授权、银保监会审核通过的。投保之后半个小时，您就会收到保险公司的投保成功信息，里面有您的保单合同号。收到信息之后，您可以打电话核对保单信息，我们也可以寄送纸质保单给您。

您什么时间方便，我跟您语音通话同步操作吧。现在投保可以优先享受刚刚跟您提到的服务。

后记

2017 年的一个晚上，很多同事还在加班，我忽然听到一阵惊呼："出单了！出单了！"过了一会儿，我又听同事喊道："是不是系统坏了？怎么可能一个人出那么多单？"我们排查了系统，并和当事人进行了确认，的确是他出的单子。一个小时，70 单，他是一个公众号写手。

2018 年的一天，一个朋友突然跟我说："今天，我的一条视频涨了 30 万个粉丝。"我无比惊讶，同时意识到，保险人个人 IP 的"红利时代"来了。

2019 年，我做了一个训练营，教学员如何拍抖音视频。不仅我身边多了很多"网红"朋友，而且很多学员的逻辑思维、表达能力、写脚本的能力都得到很大的提升。

2020 年，新冠疫情开始，直播成了常态。

2021 年，视频号变得非常火热，并一直延续到现在。

2022 年，我的两位伙伴开设了保险 IP 打造训练营，专注于视频号领域。之后，与凡声科技合作，一起打磨我国保险 IP 打造的课程，获得了很多成果。很多保险人因为这个课程，开拓了一条新的发展道路。

2022 年下半年，虚拟数字人技术逐渐普及，视频中几乎看不出来主播是不是真人。

2023 年，ChatGPT 横空出世，连写脚本都变得非常容易了。

回顾这几年的经历，我深感保险 IP 打造的魅力和挑战。

从 2017 年那令人震惊的一小时 70 单开始，我意识到，在如今这个时代，传统的保险销售模式已不能满足市场的需要。公众号写手的出现，不仅打破了传统销售的局限，更展示了个人品牌和专业度在保险销售中的巨大价值。

随后的几年，短视频平台的崛起进一步加快了这一趋势。从抖音到视频号，每个平台的兴起都为保险人提供了全新的展示和销售的渠道。我开始意识到，保险人不再只是简单的保险销售者，更要成为具有影响力的行业专家和意见领袖。

参与培训、打磨课程，每次的经历都让我更加深刻地理解了个人 IP 打造的内涵。它不只是关乎如何拍视频、如何写脚本，更是关乎如何定位自己、如何传递价值、如何与受众建立深度链接。在这个过程中，我见证了许多保险人伙伴通过个人 IP 打造，找到了新的发展道路，实现了职业生涯的华丽转身。

此外，技术的不断进步也为保险 IP 打造提供了更多可能性。虚拟数字人技术的普及，可以让我们以更灵活、更多样的方式展示自己；而 ChatGPT 这样的人工智能工具，则为我们提供了更高效的创作支持。但技术只是工具，真正重要的是我们如何利用这些工具，传达出自己的专业性和价值。

　　总之，如今我深刻体会到"长期主义"的重要性。每个时代、每个技术变革，都会带来新的机会。作为保险人，我们需要敏锐地抓住这些机会，不断地学习、成长和创新。只有这样，我们才能在这个快速变化的时代中立足。

　　这本书不仅是我们多年的保险 IP 打造训练营经验的沉淀，更是我们对保险 IP 打造之路的深刻思考和总结。我希望通过这本书，能够帮助更多的保险人把握时代的风口，从 0 到 1 再到 N 打造个人 IP，实现个人价值实现和职业发展双赢。

　　未来，我会继续探索和实践保险 IP 打造的更多可能性，与更多的伙伴一起成长、进步。我相信，只要我们紧跟时代的步伐，不断创新和超越，就一定能够在这个充满挑战和机遇的时代中创造更加辉煌的成就。

刘大勇